Gabriele Schossig

AF218807

Mensch, Entspann Dich!
9 Entspannungstechniken für Zuhause

Zu diesem Buch

Viele Menschen leiden heutzutage unter Dauerstress. Zeitdruck, Reizüberflutung, ständige Erreichbarkeit und hohe Erwartungen an sich selbst sind nur einige Gründe dafür. Oft hat der Stress auch Ursachen, die wir auf den ersten Blick gar nicht erkennen.
Fühlen auch Sie sich oft müde, nervös oder gereizt? Fällt es Ihnen immer schwerer, abzuschalten und Energie für die Dinge aufzubringen, die Ihnen am Herzen liegen?
Wachsen Ihnen die täglichen Anforderungen manchmal über den Kopf?
Dann wird es Zeit, gegenzusteuern! Permanenter Stress ist nicht nur ungesund, er nimmt Ihnen auf Dauer auch Ihre Zufriedenheit und Lebensfreude.

In diesem Buch werden Ihnen neun bewährte Entspannungstechniken vermittelt, die Sie dank kurzer, einfacher Anleitungen sofort zu Hause anwenden können.
Finden Sie heraus, welche Technik am besten zu Ihnen passt oder kombinieren Sie Bestandteile einzelner Methoden miteinander.
Entdecken Sie Ihren ganz persönlichen Weg zu mehr Gelassenheit und lernen Sie einen gesunden Umgang mit Stress!

Das Buch eignet sich ebenso zum Üben in der Gruppe und ist damit auch für Kurs- und Seminarleiter anwendbar.

Die Autorin

Gabriele Schossig lebt mit Mann und Kater in einer Kleinstadt in Sachsen-Anhalt.
Auf der Grundlage ihrer Erfahrungen als Heilpraktikerin für Psychotherapie sowie Hypnose- und Entspannungstherapeutin entstanden die beiden Sachbücher „Mensch, Freu Dich! - In 9 Schritten zu mehr Lebensfreude" und „Mensch, Entspann Dich! - 9 Entspannungstechniken für Zuhause".
Außerdem hat sie mehrere Romane und Kurzgeschichten veröffentlicht, die sich vorrangig Themen, wie der Suche nach dem ganz persönlichen Glück oder dem Verwirklichen der eigenen Träume widmen.
Weitere Informationen auf der Autorenseite: www.wondertimes.de

Gabriele Schossig

Mensch, Entspann Dich!

9 Entspannungstechniken für Zuhause

Bibliografische Information der Deutschen Bibliothek

Die Deutsche Bibliothek verzeichnet diese Publikation
in der Deutschen Nationalbibliographie;
detaillierte bibliographische Daten sind im Internet
über http://dnb.ddb.de abrufbar.

Impressum

© 2021 Schossig, Gabriele

Coverdesign: Giusy Ame/ Magicalcover
(Bildquelle: Depositphoto)
Grafiken: Hanno Jung/ www.piju.de

ISBN Softcover: 978-3752692310
ISBN Hardcover: 978-3752840575

Herstellung und Verlag: BoD – Books on Demand, Norderstedt

Inhaltsverzeichnis

Hinweis

Dieses Buch vermittelt Informationen zu verschiedenen Entspannungstechniken, die sich in der praktischen Anwendung bewährt haben.
Es dient als eine Art Anleitung zur Selbsthilfe bei Stress und innerer Anspannung.
Dieses Buch ersetzt jedoch nicht die professionelle therapeutische bzw. medizinische Behandlung bei psychischen und/oder körperlichen Krankheiten.
Alle Anwendungen erfolgen auf eigene Verantwortung. Weder die Autorin noch der Verlag können eine Haftung übernehmen.

Geh deinen Weg ruhig inmitten von Lärm und Hast, und wisse, welchen Frieden die Stille schenken kann.

(Spruch aus Irland)

Einleitung

Liebe Leserin, lieber Leser,

ich freue mich sehr, dass Sie sich die Zeit für dieses Buch nehmen. Zeit ist ein rares Gut in unserer hektischen Welt.

Viele Menschen leiden heutzutage unter Dauerstress. Reizüberflutung, ständige Erreichbarkeit und hohe Erwartungen an sich selbst sind nur einige Gründe dafür.
Oft hat der Stress auch Ursachen, die wir auf den ersten Blick gar nicht erkennen. So können zum Beispiel auch Ängste, Zweifel und negative Gedanken dazu führen, dass es uns nicht mehr gelingt, abzuschalten.

Wie sieht es bei Ihnen aus? Fühlen Sie sich meistens entspannt und ausgeglichen?
Oder sind Sie oft müde, nervös oder gereizt?
Fällt es Ihnen immer schwerer, abzuschalten und die Energie für die täglichen Anforderungen aufzubringen?

Lassen Sie uns doch einen kleinen Stress-Test machen.

Lesen Sie bitte die folgenden Fragen und beantworten Sie diese mit „Ja" oder „Nein".

Stress-Test

1. Fühlen Sie sich oft erschöpft oder angespannt?
2. Haben Sie hohe Erwartungen an sich selbst?
3. Muss bei Ihnen immer alles perfekt sein?
4. Leiden Sie oft unter Verspannungen?
5. Haben Sie öfter Kopf- oder Rückenschmerzen?
6. Können Sie schlecht ein- bzw. durchschlafen?
7. Sind Sie ständig müde?
8. Leiden Sie unter Ängsten und Selbstzweifeln?
9. Möchten Sie manchmal alles hinschmeißen?
10. Greifen Sie oft zu Süßigkeiten oder rauchen Sie mehr?
11. Können Sie nach Feierabend nicht abschalten?
12. Sind Sie anfällig für Infektionen, z.B. Erkältungen?
13. Wächst Ihnen alles über den Kopf?
14. Reagieren Sie oft gereizt oder aggressiv?
15. Ziehen Sie sich öfter als sonst zurück?

Haben Sie mehr als die Hälfte dieser Fragen mit „Ja" beantwortet?

Dann sind Sie kein Einzelfall, viele Menschen erkennen sich bzw. ihr Verhalten sogar in zehn oder mehr Fragen wieder. Das zeigt, wie allgegenwärtig das Gefühl von Stress in unserer Leistungsgesellschaft ist. Sätze wie: „Ich habe keine Zeit. Ich bin total im Stress!", oder: „Was für ein stressiger Tag!", gehören da leider schon fast zum guten Ton.

Doch was ist dieser Stress überhaupt, unter dem wir oft leiden und über den alle reden?

Stress ist ein recht neuzeitlicher Begriff. Vor Hunderten von Jahren hat niemand davon gesprochen, im Stress zu sein, obwohl die Zeiten mit Hunger, Krieg und anderen lebensgefährlichen Unsicherheiten alles andere als entspannend gewesen sein dürften.

Das Wort Stress kommt aus dem Englischen und bedeutet Druck oder Zwang. Ursprünglich wurde es in der Werkstoffkunde verwendet und bezeichnete den Druck auf ein Material. Erst 1935 benutzte es der Zoologe Hans Selye erstmalig zur Bezeichnung einer „unspezifischen Reaktion des Körpers auf jegliche Anforderung".

Im Lexikon wird Stress heute als eine „Überforderung der Anpassungsfähigkeit bzw. der Abwehrkräfte des Körpers bei physischer und/ oder psychischer Dauerbelastung" definiert.

Dabei unterscheiden wir aber eigentlich zwischen negativen, krankmachenden Stress, dem sogenannten Disstress, und positiven, uns belebenden Stress, dem Eustress. Eustress tritt auf, wenn wir auf positive Weise gefordert werden. Dazu zählt zum Beispiel die Nervosität vor einer Hochzeit oder Geburtstagsfeier.

In unserer Umgangssprache wird das Wort Stress jedoch vorwiegend negativ verwendet und als körperliche oder seelische Überbelastung verstanden. Wenn ich auf den folgenden Seiten den Begriff Stress benutze, so ist damit auch der uns belastende Stress gemeint.

Stress ist an sich eine normale chemische Reaktion des Körpers auf eine Herausforderung. Wir schätzen eine Situation als gefährlich ein und sofort wird in unserem Körper Adrenalin in die Blutbahn ausgeschüttet. Unser Körper rüstet sich zu

Kampf oder Flucht, wie es bei unseren Vorfahren lebensnotwendig war. Der Herzschlag beschleunigt sich, der Blutdruck steigt an, die Atmung wird schneller und flacher.

Bei uns zivilisierten Menschen, die wir meistens nicht die Möglichkeit haben, mit einer dieser beiden Taktiken zu reagieren, bleibt die körperliche Anspannung erhalten.

Das dadurch im Körper entstandene Ungleichgewicht kann zu einer Vielzahl von körperlichen Beschwerden, wie Kreislauf- und Magenproblemen, Rückenschmerzen sowie zu psychischen Problemen, wie Zwängen, Ängsten oder Neurosen, führen.

Inzwischen ist auch nachgewiesen worden, dass Stress unser Immunsystem schwächen und uns dadurch anfälliger für Krankheiten machen kann.

Vermehrtes Essen, Rauchen, Trinken, sozialer Rückzug und andere Verhaltensänderungen stellen Bewältigungsversuche dar, um die innere Anspannung zu reduzieren, führen aber, wenn überhaupt, nur zu kurzfristiger Erleichterung.

Besonders wichtig zu wissen ist, dass Stress letztlich „nur" durch unsere Angst, etwas nicht zu schaffen, entsteht.

Stress wird also nie von jemand anderem hervorgerufen, sondern immer nur von der gestressten Person selbst.

Oder mit anderen Worten: Den Stress macht sich jeder selbst!

Das klingt simpel, ist aber bahnbrechend, wenn man sich diese Aussage einmal wirklich bewusst macht.

Allein unsere Einschätzung einer Situation bestimmt darüber, ob wir gestresst sind oder nicht. Nur wir allein entscheiden letztlich, wie wir uns fühlen.

Klar, das Verhalten des Chefs, Partners, Kollegen oder Nachbarn ist nach wie vor dasselbe. Vielleicht wollen alle gleichzeitig etwas von einem oder wir setzen uns selbst wieder unter

Druck, weil wir noch etwas fertigbekommen wollen und unseren eigenen Ansprüchen nicht genügen.

Doch wir können lernen, anders mit diesen Herausforderungen umzugehen.

Darum bedeutet Stress auch für jeden etwas anderes. Was für den einen Menschen eine enorme Belastung darstellt, macht einem anderen gar nichts aus. Wir sind ja auch nicht jeden Tag gleich. Je nachdem wie wir uns fühlen, sind wir mal mehr oder mal weniger stressresistent. An einem Tag könnten wir Berge versetzen und erledigen fast spielend eine Sache nach der anderen, an einem anderen Tag wird uns selbst die kleinste Aufgabe zu viel.

Zum Glück gibt es viele Möglichkeiten, um sich wieder zu erholen. Sie sind so verschieden und vielfältig, wie die Menschen selbst. Dem einen hilft es, nach einem stressigen Tag, einen Spaziergang im Wald zu unternehmen, ein anderer genießt das Bad in der warmen Badewanne oder der Nächste schaltet am liebsten beim Lesen eines spannenden Buches oder beim Fußballspielen ab.

Schwierig wird es in Zeiten des Lebens, in denen unsere gewohnten Strategien allein nicht mehr ausreichen, um wieder zur Ruhe zu kommen. Hier können Entspannungstechniken helfen.

Alle Entspannungstechniken haben das Ziel, uns „in unsere Mitte" zu bringen und eventuell vorhandene stressbedingte Beschwerden zu lindern bzw. zu beseitigen.

Wenn das Ziel aller Entspannungstechniken auch gleich ist, sind die Ansätze doch ganz unterschiedlich. Da gibt es das Autogene Training, die Progressive Muskelentspannung, die Atementspannung, die Selbsthypnose und viele andere mehr.

Hier gilt es einfach ein bisschen auszuprobieren, um herauszufinden, welche Form Ihnen persönlich am besten liegt.

Doch welche Methode Sie auch bevorzugen: Oberstes Gebot ist Geduld! Ebenso wenig, wie stressbedingte Probleme von einem Tag auf den anderen entstehen, können sie innerhalb von ein paar Stunden wieder verschwinden. Also geben Sie sich die notwendige Zeit!

Auf den folgenden Seiten möchte ich Ihnen neun Entspannungsmethoden vermitteln, die sich in der Anwendung bewährt haben.
Die kurzen und einfachen Anleitungen eignen sich für das Üben zu Hause. Sie benötigen keinerlei Vorkenntnisse.
Finden Sie heraus, welche der Techniken am besten zu Ihnen passt oder kombinieren Sie Bestandteile einzelner Methoden miteinander.
Die kleinen Alltagsübungen können Sie für zwischendurch nutzen.

Entdecken Sie Ihren ganz persönlichen Weg zu mehr Gelassenheit und lernen Sie einen gesunden Umgang mit Stress.
Ich wünsche Ihnen viel Erfolg und eine gute Entspannung!

**Es gibt Wichtigeres im Leben,
als beständig dessen Geschwindigkeit zu erhöhen.**
(Mahatma Gandhi)

1.) Atementspannung

Nur selten achten wir auf unsere Atmung. Sie funktioniert einfach so, von allein. Zum Glück, kann man sagen, denn wie Sie wissen, ist Sauerstoff für unseren Körper lebensnotwendig. Während wir ohne Nahrung und Wasser einige Zeit auskommen können, gelingt es uns, ohne zu atmen, nur für ein paar Minuten.

Zeit, unserer Atmung einmal genauer unsere Aufmerksamkeit zu schenken!

Sicher ist Ihnen schon aufgefallen, dass Sie schneller und flacher atmen, wenn Sie angespannt sind oder vor etwas Angst haben.

Stress wirkt sich also negativ auf unsere Atmung aus. Durch das oberflächliche Atmen gelingt weniger Sauerstoff ins Blut. Das kann zu Konzentrationsstörungen, Müdigkeit, Kopfschmerzen und anderen Problemen führen.
Wenn Sie dagegen entspannt sind, fließt Ihr Atem tief und gleichmäßig. Ihr Körper wird optimal mit Sauerstoff versorgt. Sie fühlen sich energievoller und sind positiver gestimmt.
Es besteht also ein Zusammenhang zwischen der Art, wie wir atmen, und unserem Befinden.

Die Atementspannung ist eine Entspannungstechnik, die sich diesen Zusammenhang zunutze macht. Durch bewusstes tiefes und langsames Einatmen und Ausatmen wird ein Entspannungszustand herbeigeführt.

Wichtig:
Bei körperlichen oder psychischen Problemen sprechen Sie im Zweifelsfall vor dem Üben bitte mit Ihrem Arzt oder Therapeuten!
Gerade bei gesundheitlichen Problemen mit der Lunge oder den Atemwegen sollten Atemtechniken nur nach Rücksprache mit dem Arzt genutzt werden.

Die Atementspannung ist eine Methode, die einfach anwendbar und gleichzeitig sehr effektiv ist.
Da sie keinerlei Vorbereitungen bedarf, lässt sie sich gut in den Alltag integrieren.

Am Anfang empfiehlt sich eine Übungszeit von ca. fünf Minuten. Mit etwas Training wird es Ihnen gelingen, schon nach einigen wenigen Atemzügen zur Ruhe zu kommen.

Setzen Sie sich zum Üben auf einen Stuhl oder in einen Sessel. Sorgen Sie dafür, dass Sie nicht gestört werden.
Schließen Sie, wenn möglich, Ihre Augen und konzentrieren Sie sich wie nachfolgend beschrieben, auf Ihre Atmung.
Beenden Sie die Übung, indem Sie tief durchatmen, sich kräftig recken und strecken, und dann wieder die Augen öffnen.

Atemübung

Konzentrieren Sie sich nun auf Ihre Atmung. Atmen Sie ganz bewusst tief ein und langsam wieder aus.

Spüren Sie, wie die Luft beim Einatmen durch Ihre Nase in Sie hineinströmt, sich in Ihrem Körper ausbreitet und Sie beim Ausatmen durch die Nase wieder verlässt.

Nehmen Sie wahr, wie sich Ihr Brustkorb beim Einatmen weitet und sich beim Ausatmen wieder senkt.

Spüren Sie, wie sich Ihre Bauchdecke beim Einatmen hebt und beim Ausatmen wieder senkt.

Sie können Ihre Übung erweitern, indem Sie sich vorstellen, wie Sie mit jedem Einatmen Ruhe und Entspannung aufnehmen und mit jedem Ausatmen Anspannung und Stress abgeben.

Nehmen Sie wahr, wie sich diese Ruhe immer mehr in Ihnen ausbreitet.

Spüren Sie, wie Ihre Atmung immer tiefer und gleichmäßiger wird.

Beenden der Übung:
Atmen Sie tief durch! Recken und strecken Sie sich. Dann öffnen Sie wieder die Augen.

Gönne dir einen Augenblick der Ruhe und du begreifst, wie närrisch du herumgehastet bist.

(Laotse)

2.) Progressive Muskelentspannung

Die Progressive Muskelentspannung, auch Progressive Muskelrelaxation genannt, wurde von dem amerikanischen Arzt Edmund Jacobson entwickelt.

Bei diesem Verfahren wird durch bewusstes Anspannen und Entspannen von Muskelgruppen ein Entspannungszustand herbeigeführt.

Hintergrund ist, dass wir bei Stress oder Angst, oft ohne es überhaupt zu bemerken, unsere Muskeln verkrampfen. Unsere seelische Anspannung legt sich also auf den Körper. Leider nehmen wir diese Verkrampfungen oft erst dann wahr, wenn es schon wehtut.

Vielleicht kennen ja auch Sie die Schmerzen im Nacken- oder Schulterbereich, wenn sie unter Druck stehen?

Durch die Anwendung der Progressiven Muskelentspannung trainieren wir unser Körperbewusstsein. So bemerken wir Verspannungen viel früher, sodass sie sich nicht erst durch Schmerzen bemerkbar machen müssen.

Beim Üben werden die einzelnen Muskelpartien des Körpers in einer bestimmten Reihenfolge zunächst kurz angespannt, die Muskelspannung wird für einige Sekunden gehalten, und anschließend wird die Anspannung ganz bewusst wieder gelöst.

Durch diese Lockerung unserer Muskeln bewirken wir nicht nur eine Entspannung unseres Körpers, sondern auch eine Verbesserung unseres seelischen Wohlbefindens. Das ist also eine Umkehrwirkung: Erst legt sich unsere seelische Anspannung auf den Körper. Wir verkrampfen, wenn wir im Stress sind. Durch die Muskelentspannung entspannen wir unseren

Körper, was dann wiederum eine positive Auswirkung auf unseren Geist und unser seelisches Wohlbefinden hat.

Progressiv heißt diese Entspannungstechnik, weil sich die Muskulatur mit fortschreitendem Training immer besser entspannt. Bei täglichem Üben kann so eine Entspannung dann quasi wie auf Knopfdruck gelingen.

Gerade für Menschen, die keine oder nur wenig Erfahrung mit Entspannungstechniken haben, ist die Progressive Muskelentspannung eine relativ einfach zu erlernende Methode.
Die Übungen können sowohl im Liegen als auch im Sitzen durchgeführt werden. Hauptsache ist, dass Sie sich wohl fühlen.
Sorgen Sie gerade am Anfang dafür, dass Sie beim Üben möglichst nicht gestört werden.
Trainieren Sie so oft wie möglich, am besten jeden Tag.

Wichtig:
Die Progressive Muskelentspannung dient nicht nur zur allgemeinen Entspannung, sondern kann auch bei Schlafstörungen, Ängsten, Konzentrationsstörungen und vielen anderen Problemen eingesetzt werden.

Bei starken Depressionen, Psychosen und Schizophrenie ist die Progressive Muskelentspannung jedoch kontraindiziert.
Auch bei körperlichen Erkrankungen, wie zum Beispiel Problemen mit der Wirbelsäule, sollte nicht ohne Rücksprache mit dem Arzt mit dem Üben begonnen werden.

Ablauf der Progressiven Muskelentspannung

Bei der Langform werden 17 Muskelgruppen in folgenden 5 Phasen angespannt und wieder entspannt. Schmerzende Muskeln sollten dabei ausgelassen werden.

1. Hineinspüren

Bitte konzentrieren Sie sich zuerst auf die Muskelgruppe, die angespannt werden soll.

Beispiel:
Entspannen der Muskeln der rechten Hand.
Konzentrieren Sie sich auf Ihre rechte Hand. Spüren Sie sich in diese hinein und nehmen Sie wahr, wie sich Ihre Hand anfühlt.

2. Anspannen

Jetzt wird die jeweilige Muskelgruppe angespannt. Die Spannung soll spürbar sein, aber ohne, dass Sie sich dabei verkrampfen.

Beispiel:
Ballen Sie jetzt bitte Ihre rechte Hand zur Faust.

3. Spannung halten

Die Spannung wird ca. 5-7 Sekunden gehalten. Bitte bleiben Sie während dieser Zeit mit Ihrer Aufmerksamkeit bei dieser Muskelgruppe.

Beispiel:
Lassen Sie Ihre rechte Hand ca. 5-7 Sekunden zur Faust geballt und spüren Sie die Anspannung in der Hand.

4. Loslassen

Die Muskelanspannung wird ganz bewusst gelockert.

Beispiel:
Lockern Sie Ihre rechte Hand jetzt ganz bewusst, indem Sie dabei ein wenig Ihre Finger bewegen.

5. Nachspüren

Bleiben Sie mit Ihrer Aufmerksamkeit etwa 30 - 60 Sekunden in der betreffenden Muskelgruppe und nehmen Sie ganz bewusst wahr, wie sich diese verändert hat.

Beispiel:
Spüren Sie sich ganz bewusst in Ihre rechte Hand und nehmen Sie wahr, wie sich diese jetzt anfühlt. Was hat sich verändert?

Um eine deutlichere Wirkung zu erzielen, können Sie die 5 Phasen dieser Übung noch einmal wiederholen.

Vollständige Übungsanleitung zur Progressiven Muskelentspannung

Lesen Sie bitte die folgende Anleitung und entspannen Sie jede Muskelgruppe in den vorab beschriebenen 5 Phasen (Hineinspüren - Anspannen - Spannung halten - Loslassen - Nachspüren).

Sobald Ihnen der Ablauf geläufig ist, schließen Sie beim Üben am besten die Augen, um mit Ihrer Konzentration ganz bei sich und Ihrem Körper zu bleiben.
Sollte Ihnen das Schließen der Augen Probleme bereiten, können Sie auch einen beliebigen Punkt fixieren.

1. rechte Hand und rechter Unterarm:

Machen Sie eine Faust.

(Linkshänder beginnen mit der linken Seite)

2. rechter Oberarm:

Drücken Sie den Unterarm gegen den Oberarm.

3. linke Hand und linker Unterarm:

Machen Sie eine Faust.

4. linker Oberarm:

Drücken Sie den Unterarm gegen den Oberarm.

5. Stirn:

Ziehen Sie Ihre Augenbrauen hoch.

6. Obere Wangenpartie und Nase:

Kneifen Sie die Augen zusammen und rümpfen Sie die Nase.

7. Untere Wangenpartie und Kiefer:

Ziehen Sie die Mundwinkel nach oben.

8. Nacken und Hals:

Drücken Sie das Kinn in Richtung Brust.

9. Brust, Schultern und obere Rückenpartie:

Drücken Sie die Schulterblätter nach hinten.

10. Bauchmuskulatur:

Ziehen Sie den Bauch nach innen.

11. Gesäß- und Beckenbodenmuskulatur:

Spannen Sie die Gesäß- und Beckenbodenmuskulatur fest an.

12. rechter (bzw. linker) Oberschenkel:

Drücken Sie den Oberschenkel gegen die Unterlage.

13. rechter Unterschenkel:

Ziehen Sie die Fußspitze nach oben, die Ferse bleibt dabei am Boden.

14. rechter Fuß:

Krallen Sie vorsichtig die Zehen ein.

15. linker Oberschenkel:

Drücken Sie den Oberschenkel gegen die Unterlage.

16. linker Unterschenkel:

Ziehen Sie die Fußspitze hoch, die Ferse bleibt dabei am Boden.

17. linker Fuß:

Krallen Sie vorsichtig die Zehen ein.

Beenden der Übung:
Bitte atmen Sie tief durch. Recken und strecken Sie sich.
Dann öffnen Sie wieder die Augen.

Lerne loszulassen!

Das ist der Schlüssel zum Glück.

(Buddha)

3.) Autogenes Training

Das Autogene Training wurde in den 20er Jahren des letzten Jahrhunderts von dem Berliner Psychiater Johannes Heinrich Schultz aus seinen Erfahrungen mit der Hypnose entwickelt. Bei dieser Technik unterscheidet man die sogenannte Unterstufe und die Oberstufe. Hier soll es ausschließlich um die Unterstufe gehen, die vornehmlich der körperlichen Entspannung dient.

Autogen bedeutet selbstständig, das heißt, Sie können den Entspannungszustand ganz allein, ohne fremde Hilfe, durch Selbstbeeinflussung herbeiführen. Ihr Körper folgt dabei Ihrer Vorstellungskraft. Dafür werden Formeln verwendet, die in abgewandelter Form mehrmals wiederholt werden. Normalerweise werden diese Formeln nur im Geist gesprochen. Aber gerade zu Beginn des Übens ist nichts dagegen einzuwenden, sie auch laut vor sich hinzusagen.

Das Autogene Training lernt man leider nicht mal so nebenbei. Bitte haben Sie Geduld und trainieren Sie so oft wie möglich, am besten jeden Tag.

Geübt werden kann grundsätzlich in jeder Körperhaltung, in der sich die Muskeln entspannen können. Bewährt hat sich jedoch die Übung im Liegen, im Sitzen oder in der sogenannten "Droschkenkutscherhaltung".

Bei der „Droschkenkutscherhaltung" setzen Sie sich auf einen Stuhl, stellen die Füße flach auf den Boden und achten darauf, dass Unter- und Oberschenkel einen rechten Winkel bilden. Der Oberkörper ist gerade und die Arme hängen seitlich herab. Dann knicken Sie im Oberkörper langsam nach vorn und schließen Ihre Augen. Ihre Unterarme legen Sie auf die Oberschenkel, die Hände sind leicht geöffnet.

Gerade am Anfang des Übens ist eine angenehme Umgebung wichtig für Ihren Erfolg. Darum suchen Sie sich bitte einen Platz, an dem Sie sich wirklich wohlfühlen. Das kann ein Stuhl oder Sessel sein, Ihr Bett, das Sofa oder ein schattiger Platz auf einer Wiese.

Sorgen Sie dafür, dass Sie während des Übens nicht gestört werden. Leise, ruhige Instrumentalmusik kann Sie bei der Entspannung unterstützen.

Wichtig:
Das Autogene Training dient nicht nur der Stressbewältigung und allgemeinen Entspannung. Es kann auch eingesetzt werden, um Problemen von vornherein vorzubeugen oder um eine Vielzahl von Beschwerden zu lindern, wie zum Beispiel Ängste, Konzentrationsmangel oder Schlafstörungen.

Nicht angewandt werden sollte das Autogene Training zum Beispiel bei psychischen Erkrankungen, wie starken Depressionen, dem Borderline-Syndrom oder Wahnvorstellungen.

Bitte klären Sie körperliche oder psychische Probleme im Zweifelsfall vor dem Üben immer zuerst mit Ihrem Arzt oder Therapeuten ab!

Ablauf des Autogenen Trainings

Die Grundstufe des Autogenen Trainings besteht aus sechs Übungseinheiten.

1. Die Schwereübung

Diese Übung löst ein Schweregefühl in den Gliedmaßen aus, hervorgerufen durch die erfolgte Entspannung der Skelettmuskulatur. Beim Üben findet zuerst die Konzentration auf ein bestimmtes Körperteil statt, meistens die rechte Hand oder der rechte Arm.

Die Formel kann lauten: "Mein rechter (bzw. linker) Arm ist ganz schwer."

Nach und nach wird die Schwere auf andere Körperteile und dann den gesamten Körper ausgedehnt.

2. Die Wärmeübung

Diese Übung führt zu einem Wärmegefühl in den Gliedmaßen, da aufgrund der Entspannung der Blutgefäße eine verbesserte Durchblutung erfolgt.
Wie bei der Schwereübung erfolgt die Konzentration zunächst auf ein bestimmtes Körperteil. Dann wird suggeriert, dass sich dieses ganz warm anfühlt.

Die Formel dazu lautet: „Mein rechter (bzw. linker) Arm ist ganz warm."

Später wird diese wohltuende Wärme über den ganzen Körper ausgebreitet.

3. Die Atemübung

Die Atemübung vertieft die Entspannung durch ruhiges Ein- und Ausatmen.

Die Formel dazu kann sein: "Mein Atem ist ganz ruhig.", oder „Meine Atmung geht ruhig und gleichmäßig."

4. Die Herzübung

Die Herzübung konzentriert auf den Herzschlag und beruhigt weiter. Bedingt durch die bessere Durchblutung kommt es zu einer tieferen Entspannung des Brustbereiches.

Die typische Formel dazu lautet: „Mein Herz schlägt ruhig und regelmäßig."

Bei der Herzübung ist ein wenig Vorsicht geboten, da das Herz sensibel auf äußere Einflüsse reagieren kann. Bei gesundheitlichen Problemen in diesem Bereich kontaktieren Sie bitte vor Übungsbeginn unbedingt Ihren Arzt!

5. Die Bauchübung

Die Konzentration richtet sich auf den Oberbauch. Dabei wird gedanklich Wärme in diesen Bereich des Körpers geleitet, was zu einer besseren Durchblutung und Vertiefung der Entspannung führt. So wirkt diese Übung positiv auf die Bauchorgane.

Die Formel dazu lautet: „Mein Bauch ist strömend warm."

6. Die Stirnübung

Die Kopf- oder Stirnübung konzentriert auf eine kühle Stirn, was dazu dient, die Konzentration zu steigern und Müdigkeit zu vertreiben.

Die passende Formel lautet: "Mein Kopf ist klar, die Stirn angenehm kühl."

Rücknahme:
Wichtig ist, dass der Entspannungszustand am Ende jeder Übungsstunde wieder zurückgenommen wird. Nur wer direkt danach einschlafen möchte, kann das Zurücknehmen unterlassen.
Beim Zurücknehmen ballen Sie die Hände, beugen und strecken ein paar Mal die Arme und atmen mehrmals ganz tief durch. Erst danach öffnen Sie bitte wieder Ihre Augen.

Nun aber genug zur Theorie. Kommen wir zur Praxis. Lesen Sie sich die Texte der Übungen vorab mehrmals durch, um sich den Ablauf einzuprägen. Sollte es Ihnen anfangs schwerfallen, sich alles zu merken, können Sie sich die einzelnen Schritte auch von jemanden vorlesen lassen.

Die folgenden drei Übungen bauen aufeinander auf. Beginnen Sie mit der Übung 1 und machen Sie jede Übung so lange, bis sich die entsprechende Wirkung eingestellt hat. Egal, ob das nun einen Tag, eine Woche oder länger dauert.

Es bietet sich an, beim Üben die Augen zu schließen, um mit der Aufmerksamkeit ganz bei sich selbst und dem eigenen Körper zu bleiben. Sollte Ihnen das Schließen der Augen anfangs Probleme bereiten, fixieren Sie beim Üben einfach einen beliebigen Punkt.

So, und nun machen Sie es sich bitte bequem und schauen Sie, dass Sie die nächste Zeit nicht gestört werden.
Viel Erfolg beim Üben!

1. Übung: Schwere

Ich bin ganz ruhig!
Ich bin vollkommen ruhig und gelassen!
Ruhe kommt wie von selbst!
Gedanken kommen und gehen.
Ich bin ganz ruhig!

Ich lenke die Aufmerksamkeit auf meinen rechten Arm.
Mein rechter Arm ist schwer.
Mein rechter Arm ist schwer.
Mein rechter Arm ist ganz schwer.
Mein rechter Arm ist angenehm schwer.
Immer schwerer ist mein rechter Arm.
Mein rechter Arm ist schwer.

Ich bin ganz ruhig!

Mein linker Arm ist schwer.
Mein linker Arm ist schwer.
Mein linker Arm ist ganz schwer.
Mein linker Arm ist angenehm schwer.
Immer schwerer ist mein linker Arm.
Mein linker Arm ist schwer.

Ich bin ganz ruhig!

Meine beiden Arme sind schwer.
Meine beiden Arme sind schwer.
Meine Arme sind ganz schwer.
Meine Arme sind angenehm schwer.
Immer schwerer sind meine Arme.

Meine Arme sind schwer.

Ich bin ganz ruhig, vollkommen ruhig und gelassen!
Alles andere ist im Moment völlig gleichgültig.

Mein rechtes Bein ist schwer.
Mein rechtes Bein ist schwer.
Mein rechtes Bein ist ganz schwer.
Mein rechtes Bein ist angenehm schwer.
Immer schwerer ist mein rechtes Bein.
Mein rechtes Bein ist schwer.

Ich bin ganz ruhig!

Mein linkes Bein ist schwer.
Mein linkes Bein ist schwer.
Mein linkes Bein ist ganz schwer.
Mein linkes Bein ist angenehm schwer.
Immer schwerer ist mein linkes Bein.
Mein linkes Bein ist schwer.

Ich bin ganz ruhig!

Meine beiden Beine sind schwer.
Meine beiden Beine sind schwer.
Meine Beine sind ganz schwer.
Meine Beine sind angenehm schwer.
Immer schwerer sind meine Beine.
Meine Beine sind schwer.

Ich bin ganz ruhig!

Mein Körper ist schwer.
Mein Körper ist schwer.
Mein Körper ist ganz schwer.
Mein Körper ist angenehm schwer.
Immer schwerer ist mein Körper.
Mein Körper ist angenehm schwer.

Ich bin ganz ruhig und gelassen!

Jetzt komme ich zurück …

Ballen Sie Ihre Hände, beugen und strecken Sie die Arme ein
paar Mal kraftvoll und energisch!
Spannen Sie dabei die Muskeln an!
Atmen Sie mehrmals ganz tief durch!
Dann öffnen Sie bitte wieder die Augen.

Wie Sie sehen, unterscheiden sich die Formeln ein wenig
voneinander, auch wenn die Botschaft der Schwere in allen
enthalten ist. Wenn es Ihnen leichter fällt, können Sie auch
jedes Mal dieselbe Formel, also z. B. „Mein Arm ist ganz
schwer." verwenden. Ich persönlich habe die Erfahrung gemacht, dass das leichte Variieren der Formeln besser ist, da
es eine größere Konzentration erfordert und uns deswegen
nicht so schnell andere Gedanken ablenken können.

Kommen wir nun zur Wärmeübung. Bitte machen Sie mit dieser erst weiter, sobald Sie tatsächlich das Gefühl von Schwere
gespürt haben. Es empfiehlt sich, die beiden Übungen dann
direkt nacheinander durchzuführen. Schließen Sie beim Üben,
wenn möglich, bitte wieder die Augen.

2. Übung: Wärme

Ich bin ganz ruhig!
Ich bin vollkommen ruhig und gelassen!
Ruhe kommt wie von selbst!
Gedanken kommen und gehen.
Ich bin ganz ruhig!

Ich lenke die Aufmerksamkeit auf meinen rechten Arm.
Mein rechter Arm ist warm.
Mein rechter Arm ist warm.
Mein rechter Arm ist ganz warm.
Mein rechter Arm ist angenehm warm.
Immer wärmer ist mein rechter Arm.
Mein rechter Arm ist warm.

Ich bin ganz ruhig!

Mein linker Arm ist warm.
Mein linker Arm ist warm.
Mein linker Arm ist ganz warm.
Mein linker Arm ist angenehm warm.
Immer wärmer ist mein linker Arm.
Mein linker Arm ist warm.

Ich bin ganz ruhig!

Meine beiden Arme sind warm.
Meine beiden Arme sind warm.
Meine Arme sind ganz warm.
Meine Arme sind angenehm warm.
Immer wärmer sind meine Arme.

Meine Arme sind warm.

Ich bin ganz ruhig, vollkommen ruhig und gelassen!
Alles andere ist im Moment völlig gleichgültig.

Mein rechtes Bein ist warm.
Mein rechtes Bein ist warm.
Mein rechtes Bein ist ganz warm.
Mein rechtes Bein ist angenehm warm.
Immer wärmer ist mein rechtes Bein.
Mein rechtes Bein ist warm.

Ich bin ganz ruhig!

Mein linkes Bein ist warm.
Mein linkes Bein ist warm.
Mein linkes Bein ist ganz warm.
Mein linkes Bein ist angenehm warm.
Immer wärmer ist mein linkes Bein.
Mein linkes Bein ist warm.

Ich bin ganz ruhig!

Meine beiden Beine sind warm.
Meine beiden Beine sind warm.
Meine Beine sind ganz warm.
Meine Beine sind angenehm warm.
Immer wärmer sind meine Beine.
Meine Beine sind warm.

Ich bin ganz ruhig!

Ich bin vollkommen ruhig, ruhig und gelassen!

Ruhe kommt wie von selbst!

Mein Körper ist warm.
Mein Körper ist warm.
Mein Körper ist ganz warm.
Mein Körper ist angenehm warm.
Immer wärmer ist mein Körper.
Mein Körper ist angenehm warm.

Ich bin ganz ruhig, vollkommen ruhig und gelassen!
Ich fühle mich wohl, entspannt und geborgen.
Mein Körper genießt diese Entspannung!

Jetzt komme ich zurück.

Ballen Sie Ihre Hände, beugen und strecken Sie die Arme ein
paar Mal kraftvoll und energisch!
Spannen Sie dabei die Muskeln an!
Atmen Sie mehrmals ganz tief durch!
Dann öffnen Sie bitte wieder die Augen.

Auf den folgenden Seiten finden Sie eine vollständige Anleitung zum Autogenen Training. Bitte machen Sie mit dieser
erst weiter, sobald Sie tatsächlich das Gefühl von Schwere
und Wärme gespürt haben.
Vielleicht haben Sie die Möglichkeit, den Text selbst aufzu-
nehmen, um ihn sich dann beim Üben anzuhören. Zumindest
so lange, bis Ihnen die Formeln in Fleisch und Blut überge-
gangen sind.

3. Übung: Vollständige Anleitung zum Autogenen Training

Ich bin ganz ruhig!
Ich bin vollkommen ruhig, ruhig und gelassen!
Ich bin immer entspannter! Ruhe kommt wie von selbst!
Ich genieße das Gefühl der Ruhe!
Gedanken kommen und gehen. Ich bin ganz ruhig!

Ich lenke die Aufmerksamkeit auf meinen rechten Arm.
Mein rechter Arm ist schwer.
Mein rechter Arm ist schwer.
Mein rechter Arm ist ganz schwer.
Mein rechter Arm ist angenehm schwer.
Immer schwerer ist mein rechter Arm.
Mein rechter Arm ist schwer.

Ich bin ganz ruhig!

Mein linker Arm ist schwer.
Mein linker Arm ist schwer.
Mein linker Arm ist ganz schwer.
Mein linker Arm ist angenehm schwer.
Immer schwerer ist mein linker Arm.
Mein linker Arm ist schwer.

Ich bin ganz ruhig!

Meine beiden Arme sind schwer.
Meine beiden Arme sind schwer.
Meine Arme sind ganz schwer.
Meine Arme sind angenehm schwer.

Immer schwerer sind meine Arme.
Meine Arme sind schwer.

Ich bin ganz ruhig, vollkommen ruhig und gelassen!
Alles andere ist im Moment völlig gleichgültig.

Mein rechtes Bein ist schwer.
Mein rechtes Bein ist schwer.
Mein rechtes Bein ist ganz schwer.
Mein rechtes Bein ist angenehm schwer.
Immer schwerer ist mein rechtes Bein.
Mein rechtes Bein ist schwer.

Ich bin ganz ruhig!

Mein linkes Bein ist schwer.
Mein linkes Bein ist schwer.
Mein linkes Bein ist ganz schwer.
Mein linkes Bein ist angenehm schwer.
Immer schwerer ist mein linkes Bein.
Mein linkes Bein ist schwer.

Ich bin ganz ruhig!

Meine beiden Beine sind schwer.
Meine beiden Beine sind schwer.
Meine Beine sind ganz schwer.
Meine Beine sind angenehm schwer.
Immer schwerer sind meine Beine.
Meine Beine sind schwer.

Ich bin ganz ruhig!

Mein Körper ist schwer.
Mein Körper ist schwer.
Mein Körper ist ganz schwer.
Mein Körper ist angenehm schwer.
Immer schwerer ist mein Körper.
Mein Körper ist angenehm schwer.

Ich bin ganz ruhig, ruhig und gelassen!

Mein rechter Arm ist warm.
Mein rechter Arm ist warm.
Mein rechter Arm ist ganz warm.
Mein rechter Arm ist angenehm warm.
Immer wärmer ist mein rechter Arm.
Mein rechter Arm ist warm.

Ich bin ganz ruhig!

Mein linker Arm ist warm.
Mein linker Arm ist warm.
Mein linker Arm ist ganz warm.
Mein linker Arm ist angenehm warm.
Immer wärmer ist mein linker Arm.
Mein linker Arm ist warm.

Ich bin ganz ruhig!

Meine beiden Arme sind warm.
Meine beiden Arme sind warm.
Meine Arme sind ganz warm.
Meine Arme sind angenehm warm.
Immer wärmer sind meine Arme.
Meine Arme sind warm.

Ich bin ganz ruhig, vollkommen ruhig und gelassen!
Alles andere ist im Moment völlig gleichgültig.

Mein rechtes Bein ist warm.
Mein rechtes Bein ist warm.
Mein rechtes Bein ist ganz warm.
Mein rechtes Bein ist angenehm warm.
Immer wärmer ist mein rechtes Bein.
Mein rechtes Bein ist warm.

Ich bin ganz ruhig!

Mein linkes Bein ist warm.
Mein linkes Bein ist warm.
Mein linkes Bein ist ganz warm.
Mein linkes Bein ist angenehm warm.
Immer wärmer ist mein linkes Bein.
Mein linkes Bein ist warm.

Ich bin ganz ruhig!

Meine beiden Beine sind warm.
Meine beiden Beine sind warm.
Meine Beine sind ganz warm.
Meine Beine sind angenehm warm.
Immer wärmer sind meine Beine.
Meine Beine sind warm.

Ich bin ganz ruhig, ruhig und gelassen!

Mein Körper ist warm.
Mein Körper ist warm.

Mein Körper ist ganz warm.
Mein Körper ist angenehm warm.
Immer wärmer ist mein Körper.
Mein Körper ist angenehm warm.

Ich bin ganz ruhig, vollkommen ruhig und gelassen!
Ich fühle mich wohl, entspannt und geborgen.
Mein Körper genießt diese Entspannung!

Meine Atmung ist ganz ruhig.
Meine Atmung ist ganz ruhig.
Meine Atmung ist ruhig und regelmäßig.
Meine Atmung ist ganz ruhig.
Meine Atmung ist tief und ruhig.
Ich spüre, wie ich mit jedem Atemzug neue Energie aufnehme.

Ich bin ganz ruhig, vollkommen ruhig und gelassen!

Mein Herz schlägt ruhig und regelmäßig.
Mein Herz schlägt ruhig und kräftig.
Mein Herz schlägt ruhig und gleichmäßig.
Mein Herz schlägt ruhig und regelmäßig.

Herz und Atmung sind ruhig und gleichmäßig.

Durch diese Entspannung fühle ich mich wohl und ausgeglichen!
Ich bin ganz ruhig, vollkommen ruhig und gelassen!

Mein Bauch ist strömend warm.
Mein Bauch ist ganz warm.
Mein Bauch ist angenehm warm.

Mein Bauch ist warm.
Mein Bauch ist wohltuend warm.

Ich bin ganz ruhig, vollkommen ruhig und gelassen!

Meine Stirn ist angenehm kühl.
Meine Stirn ist wohltuend frisch.
Mein Kopf ist klar und frei.
Mein Kopf ist leicht und klar.
Mein Kopf ist angenehm kühl.
Meine Stirn ist frisch und klar!

Ich fühle mich wohl und ausgeglichen.
Durch diese tiefe Entspannung fühle ich mich wohl und ausgeglichen.

Jetzt komme ich zurück …

Ballen Sie Ihre Hände, beugen und strecken Sie die Arme ein
paar Mal kraftvoll und energisch!
Spannen Sie dabei die Muskeln an!
Atmen Sie mehrmals ganz tief durch!
Dann öffnen Sie bitte wieder die Augen.

Das Autogene Training lässt sich übrigens gut mit der Progressiven Muskelentspannung kombinieren.

Beginnen Sie dabei mit dem bewussten Anspannen und Entspannen der Muskelgruppen und setzen Sie das Üben mit den Formeln aus dem Autogenen Training fort.

Die Entspannung kann auf diese Weise sogar noch intensiviert werden.

Ich glaube, dass die Ungeduld,

womit man seinem Ziel zueilt,

die Klippe ist, woran gerade oft

die besten Menschen scheitern.

(Friedrich Hölderlin)

4.) Affirmationen

Affirmationen (lat.: Versicherungen, Beteuerungen) sind formelhafte Sätze, die uns dabei unterstützen, unseren Geist in eine bestimmte Richtung zu lenken. Ziel ist es, durch diese neuen, positiv orientierten Gedanken, unsere Gefühle, unsere Glaubenssätze und letztlich unser Verhalten zu verändern.

Positive Affirmationen können uns, je nach Formulierung, zum Beispiel mutiger, selbstbewusster oder gelassener werden lassen. Sie helfen uns dabei, die jeweilige Situation sozusagen aus einem anderen Blickwinkel zu betrachten.

In der Vergangenheit waren wir es gewohnt, gedanklich oft das Negative zu bekämpfen. Wir dachten zum Beispiel: „Ich will mich nicht aufregen." Oder: „Ich will nicht gestresst sein." Mit solchen Gedanken wird der Fokus allerdings genau auf das gelegt, was wir eigentlich nicht wollen.

Dazu eine kleine Übung:

Denken Sie jetzt bitte nicht an ein rotes Auto!

Und, was ist passiert? Ist es Ihnen gelungen, nicht an den roten Wagen zu denken?

Nein? Macht nichts, die meisten Menschen sehen das Auto, an das sie ja überhaupt nicht denken wollten, ganz deutlich vor sich. Das „nicht", wurde also einfach ignoriert. Der Grund dafür ist einfach. Um zu wissen, an was Sie nicht denken wollen, müssen Sie zuerst einmal daran denken. Erst dann können Sie beschließen, sich nicht weiter damit zu beschäftigen. Klingt komisch, ist aber so. Dummerweise ist es jetzt schon zu spät, denn Sie haben ja bereits daran gedacht, also an das rote Auto, an die Aufregung oder den Stress.

Deswegen formulieren wir Affirmationen auch nie in der Verneinung!

Wichtig ist außerdem, dass die jeweilige Affirmation möglichst nicht in der Zukunftsform, sondern in der Gegenwart ausgedrückt wird.

Sagen Sie also nicht: „Ich will ganz entspannt werden.", sondern besser: „Ich bin ganz entspannt!"

Ansonsten schiebt Ihr Unterbewusstes Ihre Wünsche beliebig lange vor sich her, denn Sie wollen es ja erst werden und nicht sein.

Tun Sie beim Formulieren einfach so, als hätten Sie Ihr Ziel bereits erreicht. Das fühlt sich anfangs vielleicht ein bisschen unwirklich an, aber Sie werden sich schnell daran gewöhnen.

Statt: „Ich will mich nicht aufregen.", sagen wir zum Beispiel: „Ich bin völlig gelassen." Anstelle von: „Ich will nicht gestresst sein.", tritt: „Ich bin ganz entspannt."

Schon haben wir unsere ersten positiven Affirmationen, die wir denken oder vor uns hinsprechen können. Für den Anfang würde ich Ihnen das Sprechen empfehlen, weil Sie dabei nicht so schnell von anderen Gedanken abgelenkt werden können.

Natürlich ist so eine Affirmation kein Zauberspruch. Es dauert seine Zeit, bis so ein Umschaltprozess (und genau das ist es) seine Wirkung zeigt. Nur durch das ständige Wiederholen kann sich die positive Wirkung einer Affirmation allmählich im Unterbewussten verankern.

46

Deshalb wird eine Affirmation, ähnlich wie ein Mantra, mehrmals hintereinander gesprochen. Zum Beispiel so: „Ich bin entspannt. Ich bin entspannt. Ich bin entspannt."

Wenn Ihnen das zu langweilig ist, können Sie den Satz auch variieren, solange dessen Botschaft erhalten bleibt. Statt: „Ich bin entspannt", könnten Sie beispielsweise sagen: „Ich bin gelassen." Oder: „Ich fühle mich völlig ruhig." Alle drei Affirmationen zielen auf Ihre Entspannung ab, egal ob Sie diese nun als Gelassenheit bezeichnen oder mit anderen Worten umschreiben.

Bis vor einiger Zeit glaubten Wissenschaftler noch, dass das Gehirn eines erwachsenen Menschen ausgewachsen und unveränderlich sei. Inzwischen ist jedoch längst bewiesen, dass sich auch das Gehirn eines Erwachsenen ständig weiter verändert, dass neues Wissen zu neuen „Verknüpfungen" führt.

Der Fachbegriff dafür ist „Neuroplastizität". Neuroplastizität bezeichnet die Eigenschaft von Synapsen, Nervenzellen und sogar ganzen Hirnarealen, sich entsprechend ihrer Verwendung zu verändern. Bei Patienten, die z.B. Hirnblutungen hatten, kann diese Fähigkeit des Gehirns beobachtet werden. Durch intensives Training werden bestimmte Tätigkeiten, die zuvor aufgrund der Krankheit des Gehirns nicht mehr möglich waren, später wieder erlernt. Das Gehirn hat neue Verknüpfungen gebildet.

Wir können unsere Denk- und damit unsere Verhaltensmuster also durch unseren eigenen, selbst gesteuerten Willen verändern.

Doch ganz wichtig dabei: Wiederholung, Wiederholung, Wiederholung!

Denn nur dadurch können wir unser Gehirn „umprogrammieren", damit es diese neuen Verknüpfungen bildet, und aus dem flüchtigen „Trampelpfad" der Nervenzellen eine neuronale, beständige „Autobahn" wird.

Können Sie sich diese Autobahn vorstellen, sehen Sie Ihre Gedanken vorbeiflitzen, wie einen getunten Sportwagen? Sehr gut, denn Affirmationen sind noch wirksamer, wenn Sie den gewünschten Zustand bildlich vor sich sehen.

Also die Affirmation: „Ich bin vollkommen entspannt.", kann am besten greifen, wenn Sie sich dabei vor Ihrem inneren Auge als völlig gelassene Person sehen. Vielleicht in einer Hängematte oder in Ihrem Lieblingssessel. Schauen Sie nur, wie total relaxt Sie sind und wie nichts Sie aus der Ruhe bringen kann. Spüren Sie, wie gut sich das anfühlt?

Ja? Prima, genau dann sind Ihre Affirmationen am wirkungsvollsten, da das Gehirn sich besonders bei neuen gefühlsbetonten Erfahrungen verändert.

Wenden Sie Ihre Affirmation so regelmäßig und häufig wie möglich an!

Hilfreich ist es dabei, diese positiven Sätze in Ihren Alltag zu integrieren. So können Sie Ihre Affirmation zum Beispiel sprechen, wenn Sie morgens und abends im Badezimmer vor dem Spiegel stehen oder während Sie mit dem Auto zur Arbeit fahren.

Denken können Sie Ihre Affirmation sogar überall dort, wo Sie ein paar Sekunden übrig haben. Vielleicht beim Staubsaugen Ihrer Wohnung, beim Anstehen an der Supermarktkasse oder beim Spaziergang mit Ihrem Hund.

Sie können Ihre Affirmation auch aufschreiben und zur Erinnerung an den Kühlschrank oder den PC kleben. Auch ein Zettel im Portmonee kann nützlich sein.
Tun Sie einfach alles, was Sie daran erinnert: Ach ja, ich bin jetzt vollkommen entspannt!

Wenn Sie eine für sich passende Affirmation bilden wollen, fragen Sie sich am besten, was genau Sie jetzt gerade erreichen oder fühlen wollen. Wollen Sie also zum Beispiel Gelassenheit empfinden, wäre eine mögliche Formulierung auch:

„Ich fühle mich total gelassen und bin bei allen Herausforderungen völlig entspannt."

Affirmationen zur Entspannung

Ich bin ganz ruhig und entspannt.

Ich fühle mich vollkommen ruhig und ausgeglichen.

Ich erlebe diesen Tag in Ruhe und Harmonie.

Ruhe erfüllt mich. Ruhe im Denken, Fühlen und Handeln.

Ich atme Ruhe ein und Anspannung aus.

Mit jedem Atemzug entspanne ich mich mehr und mehr.

Ich bin total gelassen.

Ich bin in meiner Mitte.

Ich begegne allen Herausforderungen völlig entspannt.

Mein Körper ist entspannt. Mein Geist ist entspannt. Ich bin vollkommen entspannt.

Ich fühle mich in Harmonie mit mir und der Welt.

Ich vertraue mir selbst und dem Leben.

Wie Sie sicher gemerkt haben, werden Affirmationen meistens in der Ich-Form gebildet.

Aber Affirmationen müssen nicht immer ganze Sätze sein. Auch ein einzelnes Wort kann seine wohltuende Wirkung entfalten. Denken oder sagen Sie Worte, wie zum Beispiel:

Ruhe

Gelassenheit

Entspannung

Harmonie

Stille

Spüren Sie in sich hinein, wie es sich anfühlt, diese Worte zu denken oder zu sagen.
Oder wählen Sie selbst ein positives Wort, das für Sie das Gegenteil von Stress und Hektik bedeutet.

Entscheiden Sie sich jetzt für Ihre persönliche Affirmation und beginnen Sie gleich mit dem Üben.
Sie wissen ja, je öfter Sie diese sagen oder denken, umso besser!

Das Glück deines Lebens,

hängt von der Beschaffenheit

deiner Gedanken ab.

(Marc Aurel)

5.) Klopfakupunktur

Die Klopfakupunktur ist eine therapeutische Behandlungsmethode und gleichzeitig, zumindest in ihren Grundlagen, eine schnell erlernbare und sehr effektive Selbsthilfetechnik.
Sie hat, ebenso wie die Akupunktur, ihre Grundlagen in der Jahrtausende alten Traditionellen Chinesischen Medizin, kurz TCM genannt.

In der Traditionellen Chinesischen Medizin geht man davon aus, dass im menschlichen Körper eine Art Energiesystem existiert, das sogenannte Meridiansystem.
Es gibt 12 Hauptmeridiane in diesem System, Kanäle, durch welche die Lebensenergie fließt. Jedem dieser Meridiane wird ein bestimmtes Organ bzw. eine Organgruppe zugeordnet.
Blockaden in den Meridianen können zu Problemen und Krankheiten führen.
Diesen Denkansatz macht sich auch die Akupunktur zunutze, ein Verfahren, das inzwischen auch in unserer westlichen Welt Anwendung und Anerkennung findet.

Die energetische Psychologie, zu der die Klopfakupunktur zählt, entwickelte sich Anfang der 80er Jahre des letzten Jahrhunderts.
Der Begründer dieser „Meridiantherapien" war der amerikanische Psychologe Dr. Roger Callahan, der bei einer Patientin eine jahrelange panische Angst vor Wasser, durch eher zufälliges Klopfen eines Akupunkturpunktes im Gesicht, erfolgreich behandelte. Nach diesem Erlebnis entwickelte er eine Methode, die später von Gary Craig, einem Coach aus Kalifornien, vereinfacht wurde. So entstanden „Emotionell Freedom Tech-

niques" (EFT) – die „Technik der emotionalen Freiheit" – und andere ähnliche Verfahren.

Im Gegensatz zur Akupunktur kommen wir bei der Klopfakupunktur ganz ohne Nadeln aus. Wie es der Name schon sagt, klopfen bzw. tappen (wie es im englischen heißt) wir hier bestimmte Punkte. Die Behandlung ist absolut schmerzfrei und ungefährlich, weil wir zum Klopfen lediglich unsere eigenen Finger benutzen.

Durch dieses Beklopfen bestimmter Akupunkturpunkte können Blockaden in den Meridianen gelöst und die Energie wieder zum Fließen gebracht werden. Die Grundannahme dabei ist, dass jedes emotionale Problem, also auch jedes uns belastende Gefühl, wie zum Beispiel Stress, seine Ursache in einer Störung des energetischen Meridiansystems des Körpers hat.

Die Einsatzmöglichkeiten der Klopfakupunktur sind fast unbegrenzt. Generell kann man sagen, es gibt keinen Grund, kein negatives Gefühl, bei dem es sich nicht lohnen würde, diese Methode auszuprobieren!

Typische Anwendungsbereiche sind, neben der Entspannung, zum Beispiel Ängste, Phobien, Panikstörungen, Ärger, Wut, Eifersucht oder mangelndes Selbstvertrauen.

Ablauf der Klopfakupunktur

Das Grundkonzept der Klopfakupunktur setzt sich aus 4 Teilen zusammen.

1. Die Einstimmung

Zu Beginn fassen wir unser Thema in einer kurzen und treffenden Aussage zusammen. Dabei gilt, je konkreter, je besser!

Sie können hier ganz allgemein Ihr Gefühl von Stress bearbeiten, Sie können aber auch hinterfragen, welchen bestimmten Grund es für diese Anspannung gibt. Zum Beispiel könnte das ein bevorstehendes Gespräch mit dem Chef oder eine Prüfung sein. Oder es wächst Ihnen einfach alles über den Kopf. Oder, oder, oder. Wie gesagt, je konkreter die Formulierung ist, je wirksamer wird diese sein!

Nun versuchen Sie bitte, ihrem Problem bzw. belastenden Gefühl einen „Stresswert" auf einer Skala von 0 bis 10 zu geben. Die „0" bedeutet, Sie haben kein Problem, die „10" stellt die höchstmögliche Stressstufe dar.

Stress-Skala:

0 – 1 – 2 – 3 – 4 – 5 – 6 – 7 – 8 – 9 – 10

Machen Sie sich über die korrekte Einschätzung Ihres „Stresswertes" nicht zu viele Gedanken. Er dient lediglich der späteren Einschätzung der Veränderung. Meistens wissen Sie den richtigen Wert einfach ganz spontan.

Jetzt bilden Sie einen sogenannten Problemsatz. Dieser Problemsatz besteht aus zwei Teilen. Im ersten Teil benennen wir unser Thema, im zweiten Teil formulieren wir einen Ausspruch der Selbstakzeptanz.

„Auch wenn ich mich so gestresst fühle, akzeptiere ich mich so, wie ich bin."

Oder konkreter:

Auch wenn ich mich wegen des Gesprächs mit meinem Chef so gestresst fühle, akzeptiere ich mich so, wie ich bin.

Auch wenn ich mich wegen der Prüfung so gestresst fühle, akzeptiere ich mich so, wie ich bin.

Auch wenn ich mich so gestresst fühle, weil mir alles über den Kopf wächst, akzeptiere ich mich so, wie ich bin.

Sobald Sie Ihren Satz formuliert haben, können Sie beginnen. Vor jedem Durchgang wird der sogenannte Handkanten-Punkt geklopft. Er befindet sich an der Handkante, dort wo sich die Fältchen bilden, wenn Sie eine Faust machen (siehe Abbildung 1).

Beim Klopfen des Handkanten-Punktes (HK) sprechen Sie bitte dreimal laut Ihren Satz. Klopfen Sie dabei ständig mit zwei Fingern, z. B. mit Zeige- und Mittelfinger.

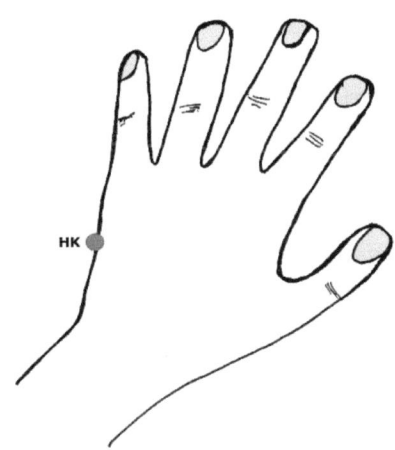

Abbildung 1

Übrigens ist es für die Wirkung erst einmal völlig egal, ob Sie glauben, was Sie sagen oder nicht. Also auch wenn Sie sich gerade vielleicht gar nicht richtig akzeptieren, sagen Sie es bitte einfach trotzdem!

Der „Wunde Punkt"

Alternativ zum Handkanten-Punkt kann man auch mit dem Reiben des sogenannten „Wunden Punktes" (WP) beginnen. Er befindet sich links über dem Herzen (siehe Abbildung 3) und wird langsam kreisend, im Uhrzeigersinn, massiert.

2. Durchgang

Nun kommen wir zum sogenannten „Durchgang", dem Klopfen der Akupunkturpunkte.

Nutzen Sie dazu einen oder zwei Finger und klopfen Sie rhythmisch etwa sieben bis zehn Mal auf die nachfolgend beschriebenen Körperpunkte. Dabei ist es gleichgültig, ob Sie auf der linken oder rechten Körperseite klopfen, da die Meridiane spiegelgleich verlaufen.

Machen Sie sich bitte keinen unnötigen Stress mit dem Zählen. Mit etwas Übung entwickeln Sie ein Gespür dafür, an welchem Punkt das Klopfen für Sie gerade am wohltuendsten ist. Viele Menschen bevorzugen mal den einen, dann den anderen Punkt und variieren entsprechend.

Klopfen Sie bitte nur so fest, wie es Ihnen angenehm ist, besonders im Gesicht.

Sprechen Sie dabei jeweils laut eine Kurzform Ihres Satzes, in der das zu behandelnde Thema zum Ausdruck gebracht wird.

Zum Beispiel:

„Mein Gefühl von Stress."

Folgende Punkte werden geklopft:

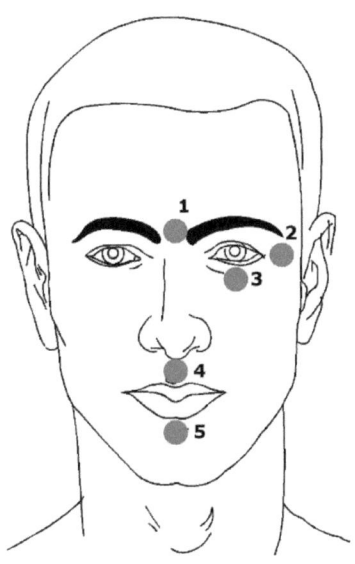

Abbildung 2

1: Augenbrauen-Punkt, innen

2: seitlicher Augen-Punkt

3: Jochbein-Punkt, unterhalb des Auges

4: Unter-Nasen-Punkt

5: Kinngrübchen-Punkt

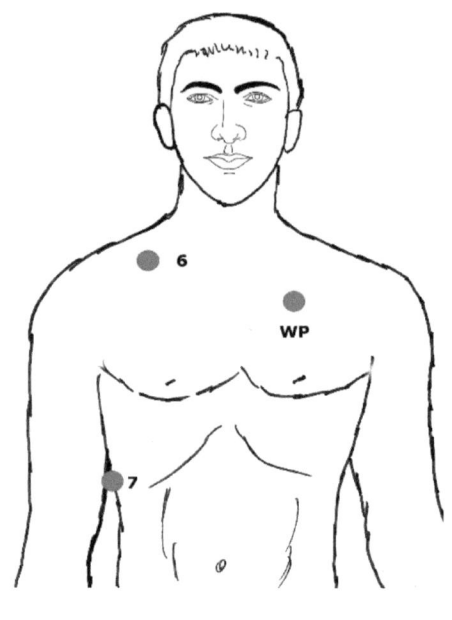

Abbildung 3

6: Schlüsselbein-Punkt
(zwischen Schlüsselbein und 1. Rippe)

7: Achselhöhlen-Punkt
(seitlich am Körper, ca. 10 cm unterhalb der Achselhöhle)

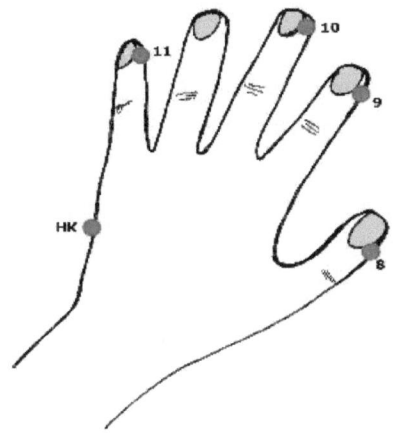

Abbildung 4

8: Daumennagel-Punkt (am Nagelfalz, außen)

9: Zeigefingernagel-Punkt

10: Mittelfingernagel-Punkt

11: Kleiner-Fingernagel-Punkt

HK:
Zum Abschluss wird wieder der Handkanten-Punkt geklopft.

Geschafft! Jetzt bitte einmal ganz tief durchatmen!

Nun kennen Sie schon die Klopfakupunkturpunkte. Nehmen Sie sich etwas Zeit und gehen Sie noch einmal Punkt für Punkt durch.

Suchen Sie jeden einzelnen Punkt auf Ihrem Körper und klopfen Sie ihn einen Moment, ohne sich dabei von einem Satz ablenken zu lassen.

Ein paar Durchgänge, und Sie können diese Punkte (fast) wie im Schlaf. Dann ist es auch viel einfacher, sich auf den jeweiligen Satz und das damit verbundene Problem zu konzentrieren.

3. Die 9-Gamut-Folge

Im Anschluss an den Klopfdurchgang folgt die sogenannte 9-Gamut-Folge.

Der Gamut-Punkt ist ein Akupunkturpunkt auf dem „Dreifachen Erwärmer-Meridian".

Dieser „Dreifache Erwärmer" ist für Stressreaktionen zuständig. Vielen Menschen hilft es, einfach nur diesen Punkt zu reiben, wenn sie spüren, dass sie unter Anspannung stehen.

Der Gamut-Punkt befindet sich auf dem Handrücken in der Mulde zwischen dem kleinen Finger und dem Ringfinger.

Durch die 9-Gamut-Folge, zugegebenermaßen etwas ungewöhnliche kleine Übungen, soll die Wirkung der Behandlung vertieft und die beiden Gehirnhälften synchronisiert werden.

62

Während Sie die folgenden Schritte machen, klopfen Sie bitte den Gamut-Punkt auf Ihrem Handrücken:

1. Augen schließen,
2. Augen öffnen,
3. nach rechts unten schauen
(ohne den Kopf dabei zu bewegen),
4. nach links unten schauen
(ohne den Kopf dabei zu bewegen),
5. Augen im Uhrzeigersinn rollen,
6. Augen entgegen dem Uhrzeigersinn rollen,
7. eine Melodie ansummen,
8. langsam von 5 bis 1 rückwärts zählen,
9. noch einmal eine Melodie ansummen.

Und jetzt bitte wieder tief durchatmen!

Welchen Wert würden Sie Ihrem Gefühl von Stress jetzt zuordnen?

0 – 1 – 2 – 3 – 4 – 5 – 6 – 7 – 8 – 9 – 10

Besteht Ihr Gefühl von Stress noch? Nein? Prima, das ist der Idealfall!
Es ist noch da? Wie sehr hat es sich denn inzwischen verändert?

Wenn der Wert noch nicht auf „0" ist, machen Sie zwei weitere Durchgänge mit folgenden Formulierungen:

4. weitere Durchgänge

2. Durchgang:

Satz: „Auch wenn ich mich immer noch so gestresst fühle, akzeptiere ich mich so, wie ich bin."

Kurzform:
„Immer noch mein Gefühl von Stress."

9-Gamut-Verfahren

Tief durchatmen!

Welchen Wert würden Sie Ihrem Gefühl von Stress nach diesem Durchgang zuordnen?

0 – 1 – 2 – 3 – 4 – 5 – 6 – 7 – 8 – 9 – 10

3. Durchgang:

Satz: „Auch wenn ich dieses restliche Gefühl von Stress habe, akzeptiere ich mich so, wie ich bin."

Kurzform:
„Mein restliches Gefühl von Stress."

9-Gamut-Verfahren

Tief durchatmen!

Nehmen wir nun wieder die Skala zu Hilfe. Was hat sich inzwischen verändert? Bitte bewerten Sie Ihr Gefühl von Stress erneut.

0 – 1 – 2 – 3 – 4 – 5 – 6 – 7 – 8 – 9 – 10

Bei dem zuvor beschriebenen Ablauf wird davon ausgegangen, dass sich nach jedem Durchgang eine deutliche Reduzierung der Wertigkeit auf der Skala ergeben hat. Sollte sich einmal gar keine Änderung einstellen wollen, kann es daran liegen, dass das Thema nicht konkret genug beschrieben worden ist. Dann ist ein wenig Detektivarbeit gefordert. Fühlen Sie noch einmal in sich hinein! Ist es wirklich genau das Problem, das Sie stresst? Oder versteckt sich dahinter noch ein anderes Thema?
Lassen Sie sich bitte nicht entmutigen. Probieren Sie einfach aus! Fangen Sie mit dem für Sie offensichtlichen Problem, also dem Stress allgemein, an. Während des Klopfens kristallisiert sich oft das nächste Thema wie von selbst heraus, dem Sie sich dann anschließend widmen können.

Die Klopfakupunktur ist eine hervorragende Selbsthilfetechnik, aber es gibt auch Probleme, bei denen man allein an seine Grenzen stößt. Zögern Sie dann nicht, sich professionelle Hilfe zu holen. Wir alle haben unsere sogenannten „blinden Flecke" und ein neutraler Blick von außen kann sehr hilfreich sein.

Zusammenfassung des EFT- Behandlungsablaufes

1.) Einstimmung:

belastendes Gefühl benennen

Intensität auf der Skala von 0 bis 10 einschätzen

Klopfen des Handkanten-Punktes oder Reiben des „wunden Punktes" und 3 x Sprechen des Problemsatzes:

„Auch wenn ich mich so gestresst fühle, akzeptiere ich mich so, wie ich bin."

2.) Durchgang:

je ca. 7 x jeden der folgenden Punkte klopfen und dabei die Kurzform sprechen:

„Mein Gefühl von Stress."

1. Augenbrauen-Punkt, innen

2. seitlicher Augen-Punkt

3. Jochbein-Punkt, unterhalb des Auges

4. Unter-Nasen-Punkt

5. Kinngrübchen-Punkt

6. Schlüsselbein-Punkt

7. Achselhöhlen-Punkt

8. Daumennagel-Punkt

9. Zeigefingernagel-Punkt

10. Mittelfingernagel-Punkt

11. Kleiner-Fingernagel-Punkt

12. Handkanten-Punkt

Tief durchatmen!

3.) 9-Gamut-Verfahren:

fortwährendes Klopfen des Gamut-Punktes und Ausführen folgender Schritte:

1. Augen schließen

2. Augen öffnen

3. nach rechts unten schauen

4. nach links unten schauen

5. Augen im Uhrzeigersinn rollen

6. Augen entgegen dem Uhrzeigersinn rollen

7. eine Melodie ansummen

8. langsam von 5 bis 1 rückwärts zählen

9. noch einmal eine Melodie ansummen

Tief durchatmen!

Neuabstimmung der Intensität auf der Skala von 0 bis 10

4.) ggf. weitere Durchgänge:

2. Durchgang:

Satz: „Auch wenn ich mich immer noch so gestresst fühle, akzeptiere ich mich so, wie ich bin."

Kurzform: „Immer noch mein Gefühl von Stress."

9-Gamut-Verfahren

Tief durchatmen!

Neuabstimmung der Intensität auf der Skala von 0 bis 10

3. Durchgang:

Satz: „Auch wenn ich dieses restliche Gefühl von Stress habe, akzeptiere ich mich so, wie ich bin."

Kurzform: „Mein restliches Gefühl von Stress."

9-Gamut-Verfahren

Tief durchatmen!

Neuabstimmung der Intensität auf der Skala von 0 bis 10

Nie in die ferne Zeit verliere dich.

Den Augenblick ergreife. Der ist dein!

(Friedrich Schiller)

6.) Fantasiereisen

Unsere Fantasie ist etwas Wunderbares. Lernen wir doch, sie zu unserem Nutzen anzuwenden.

Unser Gehirn denkt gewissermaßen in Bildern und ständig erzeugt es eine Vielzahl von ihnen. Meistens erfolgt das unbewusst und nur zu oft sind diese Bilder leider negativ. Wir erinnern uns an Vergangenes und trauern verpassten Chancen hinterher. Oder wir malen uns schlimme Zukunftsszenarien aus, manchmal auch noch verknüpft mit entsprechenden negativen Suggestionen, wie zum Beispiel: „Das schaffe ich nie!"

Positive Fantasien dagegen, aktivieren in uns Gefühle der Zuversicht, sie lassen uns entspannen und führen zu mehr innerer Ausgeglichenheit.

Diese Erkenntnis ist keinesfalls neu. Bereits seit Hunderten von Jahren wissen Menschen von der Heilkraft der inneren Bilder und nutzten diese, wie zum Beispiel beim Tempelschlaf in der Antike, bei schamanischen Reisen oder bei der Hypnose.

Auch in der heutigen Psychotherapie ist die Fähigkeit, sich etwas vorstellen zu können, von großer Bedeutung. Hier wird der Begriff Imagination (lat. imago = Bild) verwendet, ein Synonym für Fantasie oder Einbildungskraft. Imaginationsübungen, also das willentliche Entstehen lassen von inneren Bildern, dienen nicht nur der Entspannung, sondern auch der Bearbeitung vieler seelischer Probleme.

Mithilfe von Fantasiereisen (auch Traumreisen genannt) können Sie Ihre Vorstellungskraft gezielt dafür einsetzen, sich zu entspannen und neu „aufzutanken".

Sie reisen gedanklich an real erinnerte oder erdachte Orte, zum Beispiel auf eine Wiese, ans Meer oder in die Berge.
Was immer Sie entspannt und zu Ihrem Wohlbefinden beträgt, in Ihrer Fantasie ist es Ihnen möglich.
Einzige Einschränkung dabei ist, niemand anderen zu manipulieren, zu verletzen oder wehzutun. Was in der Wirklichkeit tabu ist, sollte auch nicht Inhalt einer Fantasiereise sein!

In unsere Fantasiewelten einzutauchen heißt übrigens nicht, in eine Traumwelt zu flüchten, weil wir mit unserem realen Leben nicht zurechtkommen. Im Gegenteil, durch Fantasiereisen können wir unseren Alltag gelassener und mit neuen Kräften meistern.

Wichtig:
Fantasiereisen sind vielseitig anwendbar, wie zum Beispiel bei Stress, Ärger, Sorgen, Ängsten oder Schlafstörungen.
Bei allen Erkrankungen, die mit einem Realitätsverlust einhergehen, wie z.B. Psychosen, sollte diese Methode jedoch nicht angewandt werden.
Im Zweifelsfall halten Sie bei körperlichen oder psychischen Erkrankungen bitte vor dem Üben erst Rücksprache mit Ihrem behandelnden Arzt oder Therapeuten.

Ablauf einer Fantasiereise

Eine Fantasiereise können Sie grundsätzlich allein durchführen. Möglich ist natürlich auch, sich anfangs Unterstützung zu holen. Bitten Sie jemanden, Ihnen die Übungsanleitung vorzulesen oder Ihnen eine erdachte Geschichte zu erzählen.
Mittlerweile gibt es auch eine Vielzahl von Anleitungen auf CD oder im Internet.

Sich eine Fantasiereise erzählen zu lassen und den vorgegebenen Bildern zu folgen, ist am einfachsten und darum für den Anfang am besten geeignet.
Für Fortgeschrittene bzw. Menschen mit einer ausgeprägten und wachen Vorstellungskraft empfiehlt es sich jedoch, der eigenen Fantasie einfach freien Lauf zu lassen und sich selbst eine Geschichte im Kopf zu erzählen bzw. vorzustellen. Wichtig dabei ist nur, dass Sie Orte und Situationen visualisieren, die in Ihnen gute Gefühle wachrufen.

Lassen Sie sich beim Üben nicht entmutigen! Manchen Menschen gelingt es fast wie von selbst, einer Fantasiereise zu folgen. Die Bilder laufen wie in einer Art Film vor dem inneren Auge ab und fühlen sich lebendig und real an. Andere benötigen für ein einigermaßen zufriedenstellendes Ergebnis viel Übung. Und einigen wenigen Menschen gelingt das Visualisieren gar nicht. Dafür nehmen Sie in Ihrer Fantasie ganz deutlich und intensiv Gerüche oder Geräusche wahr, spüren die Wärme einer imaginären Sonne oder riechen das frische Gras. Nicht jede Methode ist für jeden Menschen gleich gut geeignet.

Jede Fantasiereise besteht aus 3 Teilen, einer Einleitung, der eigentlichen Reise und der Rücknahme.

Sorgen Sie, besonders am Anfang, bevor Sie mit dem Üben beginnen, für ein gemütliches und ruhiges Umfeld. Stellen Sie die Klingel ab, ziehen Sie bequeme Kleidung an und achten Sie darauf, dass Sie in der nächsten Zeit nicht gestört werden. Sie sind ja nicht da, Sie gehen auf Reisen.

So eine Reise muss nicht immer von langer Dauer sein. Manchmal reichen schon fünf Minuten, um sich zu entspannen. Geführte Reisen dauern meistens zwischen 15 und 45 Minuten, ganz nach Zielsetzung.

1. Einleitung

Setzen oder legen Sie sich bequem hin und atmen Sie tief durch. Schließen Sie die Augen, da das Vorstellen der inneren Bilder so leichter gelingt und Sie weniger durch äußere Eindrücke abgelenkt werden.

Nehmen Sie nun Ihren Körper ganz bewusst wahr, wie er auf dem Sessel oder der Liege ruht.
Beginnen Sie bei Ihren Füßen und beenden Sie die Aufmerksamkeitsübung bei Ihrem Kopf.

Lenken Sie dann Ihre Aufmerksamkeit zu Ihrer Atmung.
Stellen Sie sich vor, wie Sie mit jedem Einatmen Ruhe und Entspannung in sich aufnehmen und mit jedem Ausatmen Anspannung und Stress abgeben.

Wenn Sie das Gefühl haben, dass Sie gut „runtergekommen"
sind, beginnen Sie mit der eigentlichen Reise.

2. Fantasiereise

Nun gehen Sie auf „Reisen".

Stellen Sie sich einen Ort vor, an dem Sie sich richtig wohlfühlen.

Nehmen Sie mit allen Sinnen wahr! Was sehen, hören, riechen, fühlen Sie?
Verändern Sie alles, was Sie eventuell stört und gestalten Sie
es so um, dass Sie wirklich entspannen können.

Wenn Sie möchten, können Sie Ihre positiven Bilder auch
noch mit aufbauenden Affirmationen verstärken, wie z. B. „Ich
bin ganz entspannt." oder „Ich fühle mich völlig gelassen."

3. Rücknahme

Jetzt ist es an der Zeit, die Reise wieder zu beenden und in
die Wirklichkeit zurückzukehren.
Dabei sollten Sie darauf achten, Ihre Fantasiereise nicht zu
abrupt zu beenden.
Lassen Sie sich Zeit, kommen Sie langsam zurück, nehmen
Sie wieder sich und Ihre Umgebung wahr.
Atmen Sie mehrmals tief ein und aus, recken und strecken Sie
sich. Und dann öffnen Sie Ihre Augen.

Wollen Sie gleich nach der Fantasiereise einschlafen, lassen Sie die Rücknahme einfach weg. Bleiben Sie dann an Ihrem gedanklichen Wohlfühlort und gleiten Sie hinüber in einen entspannten Schlaf.

Nachdem Sie nun den Ablauf einer Fantasiereise kennen, wollen wir zur Einstimmung eine kleine Übung machen. Bei dieser Übung stellen Sie sich einen Ihnen bekannten Ort vor, an dem Sie sich wohlfühlen und entspannen können. Sie müssen also nichts erfinden, sondern sich nur an etwas erinnern, das Sie schon viele Male gesehen haben. Dieser Ort kann Ihr Wohnzimmer sein, der Garten hinterm Haus oder auch ein Platz in der freien Natur, an dem Sie sich oft aufhalten. Auf jeden Fall sollte Ihnen dieser Ort sehr gut vertraut sein.

Lesen Sie sich bitte folgende Anleitung durch und versuchen es dann selbst.

Visualisierungsübung „Vertrauter Ort"

Setzen Sie sich bequem hin und schließen Sie Ihre Augen. Entspannen Sie Ihren Körper.

Nun lassen Sie das Bild eines Ihnen vertrauten Ortes vor Ihrem inneren Auge entstehen.

Sie sehen diesen Ort jetzt ganz deutlich vor sich. Schauen Sie ihn sich genau an.

Wie sieht er aus, dieser Ort, der Ihnen so gut bekannt ist?

Fühlen Sie in sich hinein. Spüren Sie, wie gut es sich anfühlt, dort zu sein.

Spüren Sie, wie Sie sich immer mehr entspannen können.

Lassen Sie sich Zeit!

Dann kommen Sie langsam zurück. Atmen Sie einmal tief durch und öffnen Sie Ihre Augen.

Wie ist Ihnen diese Visualisierungsübung gelungen? Konnten Sie sich den Ort bildlich vorstellen? Haben Sie wahrgenommen, wie gut es sich anfühlt, dort zu sein?

Oder hat es mit der Visualisierung noch nicht richtig geklappt? Das macht nichts. Schauen Sie sich einfach ein Foto von einem Ort an, an dem Sie sich wohl gefühlt haben. Vielleicht vom letzten Urlaub am Meer? Dann schließen Sie Ihre Augen und erinnern sich an das Aussehen dieses Ortes. Bald wird es Ihnen auch ohne „Muster" möglich sein, sich diesen bildhaft vorzustellen.

In der nun folgenden Fantasiereise geht es um die Reise zu einem erdachten Ort, einem Platz auf einer grünen Wiese. Diesen imaginären Ort können Sie ganz nach Ihren Vorstellungen gestalten. Zu beachten ist dabei nur, dass Sie sich dort absolut geborgen und wohl fühlen.

Sie können sich diesen Text vorlesen lassen oder ihn selbst aufnehmen. Oder Sie lesen ihn in aller Ruhe, prägen sich das Wichtigste ein und beginnen dann anschließend mit Ihrer Reise. Es kommt dabei nicht auf den genauen Wortlaut an. Sie können diese Reise ganz nach Ihren Wünschen variieren.

Es empfiehlt sich, diese Übung im Liegen durchzuführen, weil in dieser Körperhaltung ein tieferer Entspannungszustand erreicht werden kann, als im Sitzen.

Ich wünsche Ihnen eine entspannte Reise!

Fantasiereise „Wiese"

Legen oder setzen Sie sich bequem hin. Schließen Sie Ihre Augen und atmen Sie einmal tief durch.

Nehmen Sie nun bewusst Ihren Körper wahr. Beginnen Sie mit Ihrer Aufmerksamkeit bei den Füßen und gehen Sie langsam weiter nach oben ... die Beine entlang ... Unterschenkel ... Knie ... Oberschenkel ... Gesäß ... und weiter die Wirbelsäule hoch bis zu Ihren Schultern ... nehmen Sie die Arme und Hände wahr ... dann lenken Sie Ihre Gedanken zu Ihrem Kopf ... zu Ihrer Stirn ... den Augen ... bis hin zu Ihrer Nase ... spüren Sie hier den Luftstrom der Atmung, der in Sie hineinfließt und Sie wieder verlässt.

Stellen Sie sich vor, wie Sie mit jedem Einatmen Ruhe und Entspannung in sich aufnehmen, mit jedem Ausatmen Anspannung abgeben ... mit jedem Einatmen Ruhe und Entspannung aufnehmen, mit jedem Ausatmen Anspannung und Stress abgeben.

So verlässt Sie Atemzug für Atemzug die Anspannung und Sie werden immer entspannter und ruhiger.

Stellen Sie sich nun eine Wiese vor. Sie sehen diese Wiese jetzt ganz deutlich vor sich!

Das Gras ist leuchtend grün. Ein strahlend blauer Himmel überspannt alles, wie ein schützendes Dach. Es ist ein warmer, herrlicher Sommertag.

Sie sehen, wie die Strahlen der Sonne ihren Weg bis auf den Boden finden. Sie hören das Zwitschern der Vögel und vielleicht entdecken Sie auch bunte Blumen oder Schmetterlinge.

Suchen Sie sich nun einen besonders schönen Platz auf dieser Wiese, um auszuruhen und aufzutanken.
Legen Sie sich in das grüne Gras. Spüren Sie die ganz besondere Energie hier!

Ihr Körper fühlt sich allein schon durch die Anwesenheit an diesem Ort gestärkt und aufgeladen mit neuer Lebenskraft.

Spüren Sie den weichen Boden unter sich? Nehmen Sie die Wärme der Sonnenstrahlen wahr, die Ihren Körper auf angenehme Weise einhüllen und dafür sorgen, dass sich alle Verspannungen und Verkrampfungen lösen.

Schauen Sie in den blauen Himmel. Nur ab und an segelt dort eine kleine weiße Wolke vorüber, die Sie einfach ziehen lassen. So wie Sie störende Gedanken vorbeiziehen lassen, weil sie an diesem Ort keinerlei Bedeutung haben.

Hier auf dieser Wiese, im Reich Ihrer Fantasie, sind nur Sie und Ihr Wohlbefinden wichtig.

Sie fühlen sich an diesem Ort rundum gut.

Genießen Sie diesen wunderbaren Zustand der Ruhe und Entspannung. Lassen Sie sich Zeit!

(ca. 5 - 10 Minuten)

Nun ist es Zeit, langsam zurückzukehren.

Verlassen Sie Ihren Platz auf der Wiese und kommen Sie zurück in die Wirklichkeit.
Vergessen Sie nicht, Ihr Gefühl von Ruhe und Entspannung hierher mitzubringen.

Atmen Sie nun einige Male ganz tief durch. Recken und strecken Sie sich. Öffnen Sie wieder Ihre Augen.

Bleiben Sie bitte noch einen Moment liegen oder sitzen. Lassen Sie es in Ruhe ausklingen.

Wie war Ihre erste Fantasiereise? Konnten Sie an Ihrem imaginären Ort gut auftanken?

Wenn Sie möchten, können Sie diese Reise auf die Wiese auch beliebig erweitern.
Wie wäre es, wenn Sie sich einen kleinen blauen See vorstellen, in dem Sie baden und dessen warmes Wasser Ihre Anspannung löst?
Oder einen starken, alten Baum, unter dem Sie sitzen, den Rücken an den Stamm gelehnt? Spüren Sie, wie dieser Baum Ihnen nicht nur Schutz bietet, sondern Ihnen auch bei jedem Atemzug von seiner Stärke und Kraft abgibt.

Wie Sie sehen, sind Fantasiereisen ohne viel Übung und Vorkenntnisse möglich. Mit ein wenig Training können Sie solche kleinen Reisen sogar problemlos in Ihren Alltag integrieren.

Nicht in die Ferne, in die Tiefe sollst du reisen.

(Ralph Waldo Emerson)

7.) Selbsthypnose

Hypnose ist ein wirkungsvolles therapeutisches Mittel, das zum Beispiel bei der Behandlung von traumatischen Erfahrungen, Angstzuständen, Depressionen und Phobien verwendet wird. Leider haben viele Menschen heute ein falsches Bild von der Hypnose. Sie befürchten, im Zustand der Trance vollkommen ausgeliefert zu sein, ungewollt persönliche Geheimnisse auszuplaudern oder vielleicht sogar nicht wieder aufzuwachen.

In Wirklichkeit ist die Hypnose aber recht unspektakulär. Es ist ein natürliches Phänomen, dem wir tagtäglich begegnen können. Wir alle kennen Situationen, in denen wir die Welt um uns herum scheinbar „vergessen", wie den gedankenverlorenen Blick aus dem Fenster, das Versinken in der Geschichte eines spannenden Films oder die Autofahrt auf vertrauter Strecke, nach der wir uns plötzlich wundern, wie wir ans Ziel gekommen sind.
All das sind leichte hypnotische Zustände, auch wenn wir sie im Alltag eher als „Tagträume" oder „in Gedanken sein" bezeichnen würden.

Wenn wir zu Hause beim „Tagträumen" aus dem Fenster starren, ist uns bewusst, dass wir im Wohnzimmer sitzen. Aber diese Information tritt in dem Moment in den Hintergrund, weil wir so in unseren Gedankengang vertieft sind. Erfordert aber etwas unsere Aufmerksamkeit, wie zum Beispiel das Klingeln des Telefons, kehren wir augenblicklich aus unserem Tagtraum zurück.

Ähnlich ist es bei der therapeutischen Hypnose. Es ist ein Zustand eingeengten Bewusstseins, nicht der Bewusstlosigkeit. Durch die Stimme des Hypnotiseurs wird die Aufmerksamkeit nach innen gelenkt. Trotzdem ist dem Hypnotisierten nach wie vor bewusst, wer er ist und wo er sich befindet. Diese Dinge haben nur momentan keine Bedeutung für ihn.

Viele Menschen fühlen sich nach einer Hypnosesitzung angenehm entspannt und ausgeglichen. Darum eignet sich Hypnose auch gut als Entspannungsmethode.
Dasselbe gilt für die Selbsthypnose, die auch Autohypnose genannt wird. Sie ist ein selbst herbeigeführter hypnotischer Zustand. Sie sind also Ihr eigener Hypnotiseur.
Die Selbsthypnose beschränkt sich zwar auf einen eher leichteren Tiefegrad, führt aber trotzdem zu einer wohltuenden Ruhe und Entspannung. Man kann sagen, sie wirkt fast wie eine kleine Auszeit vom Alltag.

Für eine Selbsthypnose brauchen Sie keine Hilfsmittel. Sie leiten sie selbstständig ein und heben sie später auch eigenständig wieder auf.
Nur wenn Sie nach Ihrer Selbsthypnose direkt einschlafen wollen, erfolgt keine Rücknahme. Die Hypnose geht dann einfach in den Schlaf über, aus dem Sie ganz normal erwachen werden.

Sie müssen während Ihrer Hypnoseübung nicht überprüfen, ob es Ihnen tatsächlich gelungen ist, sich selbst zu hypnotisieren. Das lässt sich allein nur schwer einschätzen. Lassen Sie einfach geschehen und genießen Sie die Ruhe, die sich in Ihnen ausbreitet.

Wenn Sie sich bereits mit dem Autogenen Training vertraut gemacht haben, kennen Sie sogar schon eine Form der Selbsthypnose. Denn auch das Autogene Training ist letztlich nichts anderes.

Wichtig:
Grundsätzlich kann jeder gesunde Mensch die Selbsthypnose anwenden. Bei einigen psychischen Erkrankungen, wie z.B. Schizophrenie, Epilepsie und Psychosen, sollte allerdings keine Hypnose erfolgen. Sprechen Sie im Zweifelsfall immer zuerst mit Ihrem Arzt oder Therapeuten!

Lesen Sie sich vorm Üben die folgende Anleitung mehrmals durch, bis Sie die Schritte verinnerlicht haben. Es kommt dabei nicht auf den genauen Wortlaut an.

Die Selbsthypnose besteht aus 3 Teilen, der Einleitung, dem Ruhezustand und der Rücknahme.

Einige der Punkte werden Ihnen sicher vertraut vorkommen. Die Konzentration auf die Atmung oder die Nutzung der Vorstellungskraft kennen Sie bereits aus den vorangegangenen Kapiteln.

Wie bei anderen Entspannungstechniken gilt auch hier: Haben Sie Geduld! Dem einen gelingt eine Selbsthypnose fast mühelos, ein anderer braucht dafür viel Übung.

Sorgen Sie für ein ruhiges Umfeld und nehmen Sie sich ganz bewusst Zeit für sich. Achten Sie darauf, dass Sie ca. 15 Minuten nicht gestört werden. Wenn Sie möchten, können Sie leise und ruhige Instrumentalmusik zur Unterstützung verwenden.

Die Selbsthypnose sollte im Liegen erfolgen. Schließen Sie dabei Ihre Augen und machen Sie es sich richtig bequem. Ihre Arme legen Sie neben den Körper, die Beine sind ausgestreckt und nicht überkreuzt. Wenn Ihnen schnell kalt wird, nehmen Sie sich eine leichte Decke.

Übungsanleitung zur Selbsthypnose

1. Einleitung

Konzentrieren Sie sich auf Ihre Atmung.

Atmen Sie tief ein und aus.

Stellen Sie sich vor, wie Sie mit jedem Einatmen Ruhe aufnehmen und mit jedem Ausatmen Anspannung abgeben.

Unterstützen Sie diese Vorstellung mit einer gedachten formelhaften Suggestion, wie:

"Mit jedem Atemzug sinke ich tiefer und tiefer".

(Es gibt verschiedene Formen der Einleitung. Sie können auch eine kleine weiße Feder visualisieren, die durch die Luft schwebt und dabei langsam tiefer und tiefer sinkt.
Oder Sie nehmen Farben zu Hilfe. In der Farbpsychologie sind Blau und Grün entspannende Farben.
Stellen Sie sich zum Beispiel vor, wie Sie ein wohltuendes blaues Licht einhüllt, das bei jedem Einatmen in Sie hineinfließt. Spüren Sie, wie dieses blaue Licht sich in Ihnen ausbreitet und Sie sich dabei mehr und mehr entspannen.)

Stellen Sie sich jetzt vor, Sie stehen auf dem oberen Absatz einer Treppe mit 10 Stufen.

Ganz langsam steigen Sie nun Stufe für Stufe hinab.

Mit jeder Stufe sinken Sie mehr und mehr in das wohltuende Gefühl der Entspannung.

Zählen Sie in Gedanken mit:

10 – 9 – 8 – 7 – 6 – 5 – 4 – 3 – 2 – 1 – 0

Bei 0 haben Sie die Tiefe der Entspannung erreicht, die heute für Sie optimal ist.

2. Ruhezustand

Genießen Sie die wohltuende Ruhe an diesem Ort.

Wenn Sie möchten, können Sie sich einen Platz am Strand oder in den Bergen vorstellen.

Oder Sie schauen, ob Bilder ganz von selbst kommen.

Vielleicht bleibt auch einfach alles dunkel um Sie herum.

Sie müssen hier nichts richtig machen und können auch nichts verkehrt machen. Alles was geschieht oder nicht geschieht, ist vollkommen in Ordnung so.

Ihre Gedanken ziehen vorbei wie kleine Wolken im Wind.

Nichts, was vorher war oder nachher sein wird, ist im Moment wichtig.

Sie genießen einfach nur Ihren wunderbaren Ruhezustand und tanken auf!

Lassen Sie sich Zeit!

3. Rücknahme

Kehren Sie jetzt langsam zurück.

Zählen Sie von 1-10 und stellen Sie sich vor, wie Sie Ihre Treppe wieder hinaufgehen.

1 – 2 – 3 – 4 – 5 – 6 – 7 – 8 – 9 – 10

Bei 10 fühlen Sie sich wieder ganz wach. Die letzten Reste von Benommenheit sind verklungen.
Ihre Atmung normalisiert sich, Ihr Kopf ist ganz frisch und klar.

Nehmen Sie jetzt einen ganz tiefen Atemzug. Recken und strecken Sie sich, bewegen Sie Finger und Zehen.

Nun öffnen Sie bitte wieder die Augen und bleiben noch einen kleinen Moment liegen.

Lassen Sie es in aller Ruhe ausklingen!

Das Glück gehört denen, die sich selbst genügen.

(Aristoteles)

8.) Meditation

Von der Meditation hat sicher schon jeder einmal gehört. Üblicherweise stellt man sich dabei wohl eine Gruppe in sich selbst versunkener Mönche vor, die vor einer Buddhafigur sitzen.
Aber die Meditation ist nicht nur eine spirituelle Praxis, sondern auch eine wirksame Entspannungsmethode.

Der Begriff Meditation stammt von dem lateinischen Wort "meditatio", was so viel wie Nachdenken, Nachsinnen, seine Mitte finden, bedeutet.

Es gibt verschiedene Formen der Meditation, zum Beispiel die Meditation in Stille, die Atem-Meditation oder die Mantra-Meditation.
Ziel der Meditation ist es, den Geist zu beruhigen, um so Stress abzubauen und inneren Frieden zu finden.

Die bekannteste Meditationsart ist die Meditation in Stille. Bei dieser Form müssen Sie keine bestimmte Technik erlernen, so wie beim Autogenen Training oder der Progressiven Muskelentspannung.
Nein, bei dieser Meditationsform müssen Sie einfach nichts tun. Klingt gut, oder?
Ist aber schwieriger als gedacht. Wir sind es nicht gewohnt, uns um nichts kümmern zu müssen. Deswegen wehren sich unser Körper und unser Geist anfangs oft gegen diesen ungewohnten Zustand. Kaum beginnen wir mit dem Üben, zwickt es plötzlich hier und da, die Nase juckt oder der Magen grummelt. Vielleicht kommt ihnen ihr Versuch zu meditieren plötzlich lächerlich vor und sie sind überzeugt, dass das so-

wieso nichts bringt. Das ist alles völlig normal. Lassen Sie sich davon nicht verunsichern und machen Sie einfach weiter.

Wichtig:
Grundsätzlich kann jeder Meditation erlernen. Allerdings gibt es auch hier, wie bei den anderen Entspannungsverfahren, Kontraindikationen.
So sollte bei schweren Depressionen, Psychosen und einigen anderen behandlungsbedürftigen psychischen Erkrankungen nicht meditiert werden. Bitte informieren Sie sich vorher bei Ihrem Arzt oder Therapeuten, ob die Meditation für Sie persönlich geeignet ist.

Setzen Sie sich zum Üben auf einen Stuhl bzw. Sessel oder legen Sie sich hin. Wenn es Ihnen nicht zu unbequem ist, können Sie auch die Variante des Schneidersitzes wählen, die von meditierenden Mönchen bekannt ist.
Wichtig ist nur, dass Sie es bequem haben und ungestört sind. Gönnen Sie sich diese Zeit für sich selbst!

Üben Sie regelmäßig, am besten täglich. Am Anfang genügen schon 5 Minuten. Später können Sie die Zeit auch verlängern.

Integrieren Sie Ihre Meditation in Ihren Tagesablauf. Sie können morgens nach dem Aufwachen meditieren, zwischendurch oder am Abend vor dem Zubettgehen. Wichtig ist, dass es zu einer Art Ritual für Sie wird, ähnlich selbstverständlich wie das Zähneputzen oder die Tasse Kaffee oder Tee am Morgen.

92

Versuchen Sie, diese paar Minuten für sich einzuplanen, auch wenn Sie unter Zeitdruck stehen. Jeden Tag ein paar Minuten zu üben, ist besser, als einmal in der Woche eine halbe Stunde.

Probieren Sie aus, wann Ihnen die Meditation am besten passt und Ihnen am leichtesten fällt. Gerade am Anfang sollten Sie es sich so einfach wie möglich machen.

Und vergessen Sie nicht: Sie brauchen nichts zu tun, als hier zu sitzen oder zu liegen. Allein dieser Gedanke kann schon sehr wohltuend sein und dazu beitragen, dass sich Ihr Geist entspannt.

Meditationsübung

Schließen Sie Ihre Augen und atmen Sie einmal tief durch.

Nun lenken Sie Ihre Aufmerksamkeit nach Innen.

Lassen Sie Ihre Gedanken zur Ruhe kommen.

Nichts was war oder sein wird, hat im Moment eine Bedeutung.

Denken Sie einfach an Nichts!

Ärgern Sie sich nicht, falls Ihnen das nicht gleich gelingt. Strengen Sie sich bitte auch nicht an.

Lassen Sie jeden Gedanken, der Ihnen kommt, einfach vorbeiziehen. So wie eine kleine weiße Wolke am blauen Himmel vorbeischwebt.

Bleiben Sie geduldig und meditieren Sie einfach weiter.

Beenden Sie Ihre Meditation mit folgendem Satz:
Ich beende jetzt meine Meditation und kehre in mein Bewusstsein zurück.

Öffnen Sie dann Ihre Augen. Recken und strecken Sie sich. Atmen Sie tief durch!

Geben Sie bitte nicht gleich auf, falls Ihnen das Meditieren am Anfang nicht recht gelingen will. Es ist gar nicht so einfach, seine Gedanken zur Ruhe zu bringen. Haben Sie Geduld!

Oder versuchen Sie es mit einer anderen Meditationsform, wie zum Beispiel der Mantra-Meditation.

Das Wort „Mantra" stammt aus der alt-indischen Sprache Sanskrit und bedeutet so viel wie Spruch oder Lied. Mantras können Silben, Worte oder Sätze sein.

Ein Mantra wird fortwährend gesprochen, gesungen oder gedacht. Durch dieses ständige Wiederholen wird der Geist fokussiert und Sie können nicht mehr so schnell von anderen Gedanken abgelenkt werden.

Das bekannteste Mantra ist wohl die Silbe OM. Dieser Laut gilt im Hinduismus und Buddhismus als heilig. Er wird auch beim Yoga oft zu Meditationszwecken verwendet.

Versuchen Sie selbst eine Mantra-Meditation mit der Silbe OM. Oder verwenden Sie, ähnlich wie bei den Affirmationen, ein einzelnes Wort, wie zum Beispiel Ruhe, Gelassenheit oder Harmonie.

Sie können Ihr Wort in Gedanken wiederholen, es leise flüstern oder auch laut aussprechen.

Probieren Sie es einfach aus!

Gar nichts tun, das ist die allerschwierigste Beschäftigung und zugleich diejenige, die am meisten Geist voraussetzt.

(Oscar Wilde)

9.) Entspannung durch Achtsamkeit

Achtsamkeit bedeutet, bewusst wahrzunehmen, was in uns und um uns herum geschieht. Dafür müssen wir mit unserer Aufmerksamkeit ganz im gegenwärtigen Moment sein. Das klingt an sich nicht schwierig. Doch meistens hetzen wir durch die Welt und sind mit unseren Gedanken in der Vergangenheit oder Zukunft. Wir leben unsere Gewohnheiten und folgen alten Denkmustern.
Wann aber nehmen wir wirklich den gegenwärtigen Augenblick wahr, sind einfach im Hier und Jetzt, ohne zu bewerten oder zu hinterfragen?

Damit sind wir schon beim nächsten wichtigen Punkt: Wahrnehmen, ohne zu bewerten! Normalerweise haben wir, wenn auch oft unbewusst, zu allem eine Meinung. Achten Sie doch einmal auf Ihre inneren Selbstgespräche.
Es bedarf einiger Konzentration, um dieses Geplapper in unserem Kopf zum Schweigen zu bringen. Doch nur dann können wir ganz den gegenwärtigen Moment erleben.

Konzentration klingt nach dem Gegenteil von Entspannung und ist es letztlich auch. Aber ohne ein Mindestmaß an Konzentration funktioniert keine Entspannungstechnik.
Erinnern Sie sich an die Atementspannung oder an die Progressive Muskelentspannung. Durch die Konzentration auf die Atmung oder auf die Anspannung der Muskeln wird alles andere ausgeblendet.

Mit Achtsamkeitsübungen wird das bewusste Erleben trainiert. Die Übungen lassen sich gut in den Alltag integrieren, den letztlich ist es egal, wobei Sie achtsam sind. Sie können, wie schon erwähnt, Ihren Atem beobachten, Sie können aber auch das warme Wasser beim Duschen wahrnehmen. Sie können auf Ihre Schritte auf dem Weg zur Arbeit achten oder ganz bewusst Ihre Mahlzeiten einnehmen.

Vielleicht möchten Sie achtsam Ihre Wohnung putzen, ohne sich von anderen Gedanken ablenken zu lassen oder ärgerlich über all die viele Arbeit zu sein.

Oder hören Sie einem Gesprächspartner aufmerksam zu, ohne dabei schon eine Antwort im Kopf zu formulieren.

Es gibt unzählige Varianten dieser Übung, denn es kommt nicht darauf an, was Sie tun, sondern wie sie es tun. Nehmen Sie mit allen Sinnen bewusst wahr, was Sie sehen, hören, schmecken oder riechen. Bringen Sie Ihren inneren Kritiker zur Ruhe und bewerten Sie nicht! Bleiben Sie mit Ihrer Aufmerksamkeit ganz im Moment, ohne irgendetwas zu hinterfragen.

Diese Fokussierung auf die Gegenwart ohne eine Bewertung, führt nachweislich zum Stressabbau. Durch das Ändern unserer Perspektive wird der Druck, unter dem wir oft stehen, reduziert. Wir müssen nichts mehr beweisen oder uns mit jemandem vergleichen. Es genügt völlig, einfach nur wahrzunehmen!

Achtsamkeitsübung

Suchen Sie sich ein Objekt aus, das Sie achtsam wahrnehmen wollen, wie zum Beispiel eine Blume, einen Apfel oder einen Stein.

Betrachten Sie dieses Objekt ganz genau.

Nehmen Sie wahr, wie es aussieht, wie es riecht, wie es sich anfühlt.

Lassen Sie sich Zeit!

Wenn dabei andere Gedanken, Erinnerungen oder Gefühle aufkommen, schenken Sie Ihnen keine weitere Beachtung. Lenken Sie Ihre Aufmerksamkeit zurück auf Ihr Objekt.

Nehmen Sie wahr, ohne zu bewerten!

Denke immer daran, dass es nur eine wichtige Zeit gibt.

Heute. Hier. Jetzt.

(Leo Tolstoi)

10.) Alltagsübungen

Diese kleinen Alltagsübungen lassen sich gut in Ihren Tagesablauf integrieren, da sie keine Vorbereitung und wenig Zeitaufwand benötigen.

Einige der Techniken können Sie unauffällig zwischendurch anwenden, zum Beispiel beim Arbeiten am Schreibtisch, beim Anstehen an der Supermarktkasse oder wenn Sie mit Ihrem Auto an einer roten Ampel warten müssen. Oder einfach immer dann, wenn Sie sich gestresst fühlen, weil Ihnen der Alltag mit all seinen Anforderungen zu schaffen macht. Denn genau dann gilt es sich zu erinnern:

In der Ruhe liegt die Kraft!

Atemübung

Setzen oder stellen Sie sich bequem hin.

Atmen Sie bewusst 3 x tief durch die Nase ein und durch die Nase wieder aus.

Stellen Sie sich dabei vor, wie Sie Ruhe einatmen und Anspannung ausatmen.

Kopfnicken

Nicken Sie 10 x mit dem Kopf. Achten Sie dabei auf langsame, sanfte Bewegungen.

Dann drehen Sie den Kopf langsam je 10 x nach rechts und nach links, aber nur soweit, dass es nicht weh tut.

Schulterkreisen

Stellen Sie sich aufrecht hin und lassen Sie Ihre Schultern langsam 10 x nach vorn und 10 x nach hinten kreisen.

Atmen Sie anschließend tief durch.

Morgenaffirmation

Sprechen oder denken Sie die folgende Affirmation mehrmals, bevor Sie in einen neuen Tag starten:

Ich habe heute einen schönen und entspannten Tag.

Rufen Sie sich diese oder eine ähnliche Affirmation auch im Laufe des Tages in Erinnerung, wenn Sie sich gestresst oder überfordert fühlen.

Natürlich können Sie dadurch die Anforderungen, die an Sie gestellt werden, nicht ändern. Aber Ihre Einstellung wird eine andere sein und viele Alltagsprobleme verlieren dadurch an Wichtigkeit.

Klopfen des Handkantenpunktes

Erinnern Sie sich an den Handkantenpunkt aus dem Kapitel über die Klopfakupunktur.

Klopfen Sie 10 x diesen Punkt.

Wenn Sie möchten, können Sie dabei eine Affirmation sagen oder denken, wie zum Beispiel: Ich bin ganz ruhig und entspannt.

Klopfen der Thymusdrüse

Die Thymusdrüse befindet sich ungefähr vier Fingerbreit unter der Kuhle zwischen Brustbein und Hals.

Klopfen Sie diese Stelle ca. 20 x leicht mit der Faust.

Probieren Sie verschiedene Rhythmen aus und spüren Sie, welche Form Ihnen am besten gefällt.

Augenentspannung

Schließen Sie Ihre Augen und legen Sie Ihre Handflächen über die Augenpartie.

Rollen Sie Ihre Augen langsam im Uhrzeigersinn und danach in entgegengesetzter Richtung.

Halten Sie nun Ihre Augen still und spüren Sie für eine Weile die wohltuende Wärme Ihrer Hände.

Atmen Sie tief durch und öffnen Sie wieder Ihre Augen.

Gedanken-Stopp

Wenn Ihre Gedanken um ein Problem kreisen und Sie nicht zur Ruhe kommen, stellen Sie sich ein Stopp-Schild vor und sagen Sie laut:

STOPP!

Sollten Sie in diesem Moment nicht allein sein, funktioniert auch ein gedankliches Stopp-Schild.

Dankbarkeitsübung

Diese Übung eignet sich gut als kleines Ritual vor dem Einschlafen. Sprechen oder denken Sie die folgende Affirmation mehrmals:

Ich bin dankbar für diesen Tag.

Sie können hier auch konkreter werden und sich in Erinnerung rufen, wofür genau Sie an diesem Tag dankbar sind.

Dankbarkeit ist eine starke Kraft. Wenn wir uns verdeutlichen, wofür wir alles dankbar sein können, spüren wir eine tiefe Zufriedenheit, die wiederum zu unserer Entspannung beiträgt.

Mehr Informationen zum Thema Dankbarkeit finden Sie in meinem Buch "Mensch, Freu Dich! - In 9 Schritten zu mehr Lebensfreude".

Konzentration und Geduld weisen den Weg.

(Zen-Weisheit)

Nachwort

Liebe Leserin, lieber Leser,

nun sind wir am Ende unserer gemeinsamen Entspannungs-Reise angekommen.
Ich hoffe, Sie konnten bereits viele positive Erfahrungen beim Üben sammeln.
Sicher sind Ihnen auch einige Gemeinsamkeiten zwischen den einzelnen Techniken aufgefallen. Nicht nur unsere Atmung spielt oft eine Rolle, sondern auch unsere Vorstellungskraft oder unsere Fähigkeit zur Konzentration.

Ab hier geht nun Ihre Reise allein weiter. Finden Sie Ihren individuellen Weg, um besser mit Stress und Hektik umzugehen. Verlieren Sie dabei bitte nicht die Geduld! Ihr Ziel, mehr innere Gelassenheit, ist wahrhaft lohnend.
Aus dem Gefühl der inneren Gelassenheit heraus, verlieren viele alltägliche Probleme ihre Wichtigkeit und die Anforderungen des Alltags lassen sich mit mehr Leichtigkeit meistern.

Ich wünsche Ihnen dabei viel Erfolg. Und vergessen Sie nicht:

Mensch, entspann dich!

Danke

Bedanken möchte ich mich an dieser Stelle bei Manfred, Hypnosetherapeut und guter Freund. Vieles von dem, was ich heute über Entspannungstechniken und Hypnose weiß, habe ich von ihm gelernt.

„Mensch, Entspann Dich!" ist als Hardcover, Softcover und eBook erhältlich.

Weitere Bücher

Mensch, Freu Dich! - In 9 Schritten zu mehr Lebensfreude

Das 1. Buch aus der „Mensch"-Reihe:

Das Leben könnte doch so schön sein, wären da nicht die vielen Dinge, die es uns oft schwer machen. Ob Stress, Ärger, Sorgen, Zweifel, Traurigkeit oder Angst, immer gibt es irgendetwas, das uns daran hindert, unser Leben zu genießen. Oft funktionieren wir nur, anstatt wirklich zu leben.

Zumindest war das bisher so, denn ab heute können Sie sich ganz bewusst für den Weg der Freude entscheiden. Lernen Sie Entspannungstechniken, Klopfakupunktur, Affirmationen und vieles andere mehr kennen. Werden Sie Ihr bester Freund, nutzen Sie Ihre Fantasie oder sammeln Sie Ihre ganz persönlichen Glücksbausteine.

Anhand von 9 Schritten wird in diesem Buch ein Weg aufgezeigt, wie Sie besser mit Stress, Ärger, Angst oder anderen Problemen umgehen können, um so ein glücklicheres Leben zu führen.

Ratgeber, 136 Seiten, 14,99 Euro, ISBN 978-3750249059
(auch als Hardcover und E-Book erhältlich)

Traumfängerin der Liebe

Juliane ist eine hoffnungslose Romantikerin, die immer an die große Liebe geglaubt hat. Aber nach der Trennung von ihrem Lebensgefährten Paul bricht ihre scheinbar heile Welt zusammen. Der Neuanfang gestaltet sich schwierig, zumal sie in jeder Nacht seltsame Träume plagen. Um herauszufinden, wie es in ihrem Leben zukünftig weitergehen soll und vielleicht sogar ihren Traummann zu treffen, reist sie nach Indien in eine sogenannte Schicksalsbibliothek. Auf einem uralten Palmblatt wird ihr dort prophezeit, dass sie erst die Säulen der Liebe finden muss, um mit einem Partner glücklich zu sein.

Doch der Mann, der ihr dann über den Weg läuft, ist nicht der erhoffte Traummann, sondern ein Mensch mit Ecken und Kanten. Aber möglicherweise ist er trotzdem genau der Richtige für Juliane?

Roman, 576 Seiten, 19,99 Euro, ISBN 978-3749481200
(auch als E-Book erhältlich)

Die Liebe ist bunt

Die Liebe lässt einen manchmal seltsame und auch unbequeme Wege gehen. Doch sie ist jeden einzelnen Schritt wert!

Katja, frischgebackene Lehrerin, freut sich auf ihre Stelle am renommierten Schiller-Gymnasium. Nach einer unschönen Trennung von ihrem letzten Lebensgefährten hat sie von der Liebe die Nase voll und will nun beruflich durchstarten.
Doch sie hat nicht mit Jonas gerechnet, einem gut aussehenden, viel zu jungen Mann, der ihr gleich am ersten Tag den Kopf verdreht.
Da eine Beziehung mit ihm undenkbar ist, versucht sie ihm, soweit wie möglich, aus dem Weg zu gehen. Aber Jonas lässt einfach nicht locker und gefährdet damit sogar Katjas berufliche Existenz.
Hat die Liebe der beiden trotz aller Hindernisse eine Chance oder endet alles in einem Fiasko?

Erzählung, 132 Seiten, 9,99 Euro, ISBN 978-3750424487
(auch als Hardcover und E-Book erhältlich)

111

Die grinsende Katze - Dem Glück auf den Fersen

Lisa ist eine Teppichkatze, ihre Welt eine Zweizimmerwohnung mit Blick in den Garten. Eines Tages taucht Petro, ein Abenteuerkater, unter ihrem Fenster auf. Er erzählt ihr, dass die Welt viel mehr ist, als sie sehen oder erahnen kann.
Lisa will es genau wissen und gemeinsam machen sich die beiden Katzentiere auf den Weg, um ihr Glück zu suchen.

Eine Geschichte über Freundschaft, Träume und den Mut, seinen eigenen Weg zu gehen. Nicht nur für Katzenfreunde!

Roman, 348 Seiten, 14,90 Euro, ISBN: 978-3750418585
(auch als Hardcover und E-Book erhältlich)

Weitere Informationen finden Sie auf der
Autorenhomepage:

www.wondertimes.de

112